生命の輝く教育を目指して その2

～授業づくり・訪問カレッジ・医療的ケア・秋津療育園～

● 飯野 順子 著

はじめに

　振り返ってみますと、昭和 41 年に教員になって以来、職業生活は、諸先輩に導かれて、恵まれていたと思っています。
　その道筋で、「希望者全員就学」や「医療的ケア」など、難しい課題に出会いましたが、一つの歴史として、徐々に徐々に動き、新たな展開に立ち会うことができました。年齢を経るにしたがって、その歴史に立ち会った一人として、書き残しておきたいことがたくさんあると思うようになりました、
　そこで、この度、『生命の輝く教育を目指して』（平成 18（2006）年 8 月）の後編として、これまでやってきたことの「まとめ」の本を発刊したいと思い、着手しました。
　内容は、「授業づくり」「医療的ケア」「訪問カレッジ」「入所施設・秋津療育園の体験」等についてです。
この間、常に追求してきたことは、障害の重い人たちの「生きるとは」「生命が輝くとは」「生涯学習とは」などです。

目　次

はじめに

第1章　生命の輝く教育を目指して
〜その人らしく、輝く、人生の履歴を創る〜

1．はじめに　〜生命の輝く教育を目指して〜 ……………………………… 8
2．私の授業観・教師観 ………………………………………………………… 8
　（1）「授業って、面白い！　楽しい！」と先生には、思ってほしい ……… 9
　（2）『「今」が大切、「今」がその時、子どもたちの「今」が、失われないように！』…9
　（3）保護者が教えてくれたこと〜保護者の気持ちに触発されて、授業づくりに邁進 …10
　（4）基本理念にたつ授業づくりを ………………………………………… 11
　（5）自分の力を精一杯発揮して、完成度80％の指導案を目指すこと …… 12
3．授業づくりの基礎・基本としてのヒント ………………………………… 13
　（1）授業を、第三者の目で見ると ………………………………………… 13
　（2）「子どもを変える」のではなく、「子どもが変わる授業」への転換を ……… 14
4．おわりに …………………………………………………………………… 35

第2章　生涯学習の基礎知識（その1）
障害の重い人の生命育む生涯学習を！
〜生涯学習の機会と場を広げるためのノウハウは〜

1．「訪問カレッジ」活動は、気負いなく、自然な流れの中で始めた ……… 37
　（1）「訪問カレッジ」の活動を通して分かったこと ……………………… 37
　（2）「訪問カレッジ」活動は、居場所づくり、「訪問カレッジ」の要件は何か …39
　（3）「訪問カレッジ」の推進力は、ご家族です …………………………… 40
　（4）学習支援員の働きが、「訪問カレッジ」活動の支えです …………… 42
　（5）まとめ＆「訪問カレッジ」の直面している課題 …………………… 43
　（6）重度障害者・生涯学習ネットワークの形成 ………………………… 43

第3章　障害の重い人の生命育む生涯学習を！（その2）
～人生の輝きは、学校時代に培われる～

はじめに ………………………………………………………………………………45
1. なぜ、生涯学習なのでしょう！ …………………………………………………45
2. 生涯学習に関する3つの視点 ……………………………………………………46
3. 訪問カレッジの実際 ………………………………………………………………52
おわりに ………………………………………………………………………………56

■訪問カレッジ通信「やまびこ」より ……………………………………………57

春らんまんのこの時のように／令和の時代に、花が咲き、実がなる時を待ち望んで！／医療的ケアの必要な方のキャリア発達を支援する／いのちの輝く時を、創るために～学習支援員の支え／「アイ ビリーブ イン フューチャー 信じている」／夢と希望をかなえる「訪問カレッジ」の生涯学習／今は、歴史の1ページ、そして、新たな歴史の1ページを！／今は、生涯学習を広げる・深める・つなげる時です！／10年目です！！／名実ともに「研究所」に、そして、新たな活動の展開を！／「時のしずく」が「時の流れ」になる日を～ 80年の時の流れを振り返って～／訪問型学習支援事業の持続可能な制度創設に向けて～笑顔・笑顔、笑顔は生き生きと輝き、その学びは、年々実っています～

第4章　医療的ケアは、今
～《私記》特別支援学校における医療的ケアのステップを振り返る～

1. 第1ステップ
　　～東京都における医療的ケアの始まり ………………………………………75
2. 第2ステップ
　　～さながら一筆一筆、花を描くように、歴史的展開をしています …………76
3. 第3ステップ
　　～認定特定行為業務従事者の誕生 ……………………………………………78
4. 第4ステップ
　　～児童生徒への対応から医療的ケア児への対応へ ……………………………79
　（1）「学校における医療的ケアの実施に関する検討会議」と最終まとめ ……79

（2）「医療的ケア児及びその家族に対する支援に関する法律の公布
　　　（令和三年法律第八十一号）について　令和3（2021）年6月……………80
　（3）学校看護師が、医療的ケア看護職員へ　………………81
5．第5ステップ
　　～残された課題への対応 ………………………………………82
6．おわりに
　　～歴史の流れは、新たな喜びを生み出しています …………………83

第5章　秋津療育園での体験

1．はじめに ……………………………………………………………85
2．秋津療育園の成り立ちと取り組み ………………………………85
　（1）秋津療育園の始まりは ………………………………………86
3．秋津ブランド ………………………………………………………87
4．「あきつ新聞」から ………………………………………………89
「創立記念式典に寄せて」（令和元年10月）／「秋津の未来に、曙光を！」（令和2年1月）／「新年を迎えるにあたって」（令和3年1月）／「新しい年に、『新しい歌』を、高らかに歌いつつ、進もう！」（令和3年4月）／「再生そして復活へ」／「秋津ブランドとは」（令和4年1月）／「令和4年度は、あたりまえの日々を！」（令和4年4月）／「令和5年度に当たって　華やぐ1年を、期待して！」（令和5年4月）／「あなたの声が聞きたい」（令和4年7月）／「謹賀新年」（令和5年元旦）／「華やぐ1年を～」（令和5年4月）／「ウエルビーイングを　新たな年に！」（令和6年1月）

あとがき
著者紹介

第1章　生命の輝く教育を目指して
～その人らしく、輝く、人生の履歴を創る～

1．はじめに　～生命の輝く教育を目指して～

　障害の重い子どもの教育の合言葉は、"生命の輝く教育"です。生命とは、「人間に与えられた時間でもあること。その生命をどう使うかが大切であること、どんな生命もかけがえがないこと、だからどんな生命も粗末に扱ってはいけないこと」と、日野原重明先生（2006）は生命の授業で子どもたちに教えるそうです。

　日野原先生の言葉を借りれば、"生命の輝く教育"とは、
　　①生命の重さは、時間の重さであること、
　　②生きるとは、時間を紡ぐこと、
　　③子どもたちの「時間」のその一瞬一瞬を、意欲・喜び・期待・感動などで包み込むことによって、「生命が輝く」と考えられます。

　子どもたちの時間の多くは、授業の中で費やされます。授業は、子どもにとっての生命です。先生の動きやことばによって、子どもは、自分の内面の灯を輝かせています。

　教師は、授業に生命を吹き込むプロフェッショナルです。「授業づくりのプロ」として、子どもたちにとっての最善を目指しつつ、実践の積み重ねによる実践の知を構築することを使命としています。

2．私の授業観・教師観

　「どんな授業をつくりたいのか」という授業観は、「どんな教師でありたいか」という教師観と連動しています。はじめに、私自身の授業観・教師観について、私の経験を踏まえて、話を進めてみます。あなた自身

の授業観・教師観をつくり上げて下さい。

(1)「授業って、面白い！ 楽しい！」と先生には、思ってほしい

　私は、これまでたくさんの授業を見てきました。どの授業からも触発されることが多くあり、授業づくりのヒントをもらいました。子どもたちは、学校大好き、先生大好き、先生の授業に懸ける思い・願い・熱い気持ちに応えようとしています。授業の始まりを、ワクワクして待っています。「学びたい！」と思っています。

　教師の資質として、ありのままの子どもを受け止め、子どもの自己成長力に絶対の信頼感をもち、子どもの変容に気づき、共感できる「イメージ力、感性・感度、柔軟性」が求められています。子どもの反応が把握できないことは、子どもの障害の重さや能力の低さのためではなく、教師としての「イメージ力、感性・感度、柔軟性」の乏しさ・不足なのだと仮定してみて下さい。そして、表出の困難な子どもに寄り添って、子どもの内面に心を砕き、小さなしぐさにじっくり目を向けてみて下さい。きっと、いつもと違うと気づき、ハッとして、子どもの新たな側面を発見できるでしょう。

　この何気ない気づきが、先生の豊かなイメージ力を育てるのです。そして、そんな積み重ねの中で、先生自身が、「授業って、面白い！」と思えるようになることでしょう。

(2)『「今」が大切、「今」がその時、子どもたちの「今」が、失われないように！』

　次に子どもたちの「時」を大切にする姿勢も、教師の専門的な資質であると思っています。子どもたちのかけがえのない貴重な時間を、空白にしないようにすることが大切です。私自身の約50年の教師の履歴の中で、モットーは、『「今」が大切、「今」がその時、子どもたちの「今」が、失われないように！』です。

　これまでの教師の経験から、ことが成るには「時」があり、「時」が

成熟するには、刻一刻の「時」の積み重ねが必要であると学びました。歴史は、一滴一滴の「時」の流れが、大きな潮流になることを証明していると思っています。

更に、このことは、毎日の授業一つ一つは、学校卒業後の生涯にわたる生きる基盤づくりの時であるということを示しています。毎日の授業の積み重ねが、学ぶ喜びの基盤となることを認識して、授業づくりに向き合うことが大切です。

（3）保護者が教えてくれたこと〜保護者の気持ちに触発されて、授業づくりに邁進

「重症心身障害児学会」の際に、医師の北住映二先生が、「障害児の親は、喪失の連続」と発言された保護者の言葉を紹介しました。その言葉は、とてもとても衝撃的でした。そして、考えさせられました。その発言者である児玉真美さんは、その後『殺す親　殺させられる親』（2019、生活書院）という本を出版しました。その中から、次の文を引用させていただきます。

> 私たち親にとって、障害は常に我が子から「奪っていくもの」でした。それを防いでやりたいと、子どもが小さい頃には必死でリハビリに励みますが、成長とともに我が子は重度化していきます。それをなすすべもなく見ていることしかできなかった親にとっては、やるせない日々のつらなりでした。例えば、ここへ来て口からの食事を諦めるという選択肢が出てくることも、親にとっては、これまで奪われてきたあれやこれに更に追加される喪失なんですね。ここへきて、まだこのうえ、これほど大きなものを奪われなければならないのか、という我が身を切られるような深い嘆きになります。先生方にとっては、医学的リスクと医学的な利益の比較検討なのかもしれませんが、親にとっては、「生活上の利益」と「生活或いは人生における喪失」の相剋なんですね。

『殺す親　殺させられる親』（生活書院）

親の立場からの「喪失の連続」という言葉を聞いて、鳥肌がたちました。これまでの立脚点が、ぐらっと揺らぎました。教育に携わる者の役割は、「喪失の連続」ではなく、「獲得の喜び」を証明することと奮い立ちました。この言葉は、授業づくりの際に必ず思い起こしています。

（4）基本理念にたつ授業づくりを

指導（授業）案の目標をみると、「主体性を育む」「主体性を尊重する」などの主体性・自主性に関する内容が多くあります。このことからも、授業で子どもの「主体性」を尊重していることが分かります。しかし、実際の授業は、障害が重ければ重いほど、先生主体の授業になっています。それは、自分から動くことができない子どもだからでしょうか。それとも理念がないからなのでしょうか。

授業改善が問われている今、先人の姿勢に学び、「重複障害児の教育は、『この子らを世の光に』の時代を超えているか」と問うてみたいと思います。「この子らを世に光に」とは、近江学園の創始者糸賀一雄先生の言葉です。先生は、昭和40（1965）年代に、下記のような理念の下に展開した実践を紹介しています。その実践は、重複障害児教育に携わる者にとって、知っておきたい基礎知識です。

> この子らはどんなに重い障害をもっていても、だれととりかえることもできない個性的な自己実現をしているものなのである。「この子らに世の光を」あててやろうというあわれみの政策を求めているのではなく、この子らが自ら輝く素材そのものであるから、いよいよみがきをかけて輝かそうというのである。「この子らを世の光に」である。
>
> そこでは、子どもに対してとか、子どものためにとかいう子どもを向こう側において対峙している姿ではなく、子どもがどんな保護の形態の中でも、主体的に動くことができる人間となるように、どんなに重症な障害をもつ子どもでも、自分自身の力で障害を克服する方向でりっぱに自己を実

現できるように、子どもたちと共感の世界を形成しようとするチーム・ワークが追求されなければならない。（糸賀、1968）

　上記のメッセージから、授業づくりには、①子どもは、個性的な自己実現をしている自ら輝く素材そのもの、②目指すのは、主体的に動くことができる人間、自分自身の力で障害を克服できる力、③寄木細工のような寄せ集めではない共感の世界を形成するチーム・ワークが必須と示唆していると読み込みたいと思っています。基本理念に関しては、「この子らを世の光に」の時代を超えているとは思われませんが、その子ども観等に学び、今の時代に即した基本理念を創り上げることから、授業づくりを始めてみたいものです。

（5）自分の力を精一杯発揮して、完成度80％の指導案を目指すこと

　外部専門家として、授業観察のために、教室に入ると、子どもたちは、前傾姿勢で、授業の始まりを待っています。学びたい気持ちが伝わってきます。そして、子ども主体の子どもが分かる、しかけの多い授業を展開すると、喜びを感じ、心が動きます。そこには感動があります。そして、子どもの変容があります。その変容は、ゆっくり、ゆっくりです。質の高い授業は、観ている第三者にも、子どもの気づきと教師の気づきが一体となり、共感しあい、響きあっていることが伝わってきます。

　子どもたちの学ぶ喜び・楽しさは、学校時代にしっかり身に付けます。何よりも、先生たちには、「授業づくりって、楽しい！！」と思って、元気で、自信をもって、子どもたちの前に立ってほしいです。

　授業は楽しいと思えるために、「授業は、完成度80％でスタートし、実践的指導力を発揮して、授業を練り上げていきましょう」と提唱しています。80％とは、自己評価です。立てた学習指導案は、80％の出来だと思って授業を行い、1時間ごとに指導内容や指導体制を練り上げてゆ

きます。単元の始まりと終わりの頃には、授業が変化し、子どもたちの表情も、生き生きしていることが分かります。それでも完成度100％にはならないのが授業です。いつも、いつも子どもたちが教えてくれると思って授業づくりをしましょう。

3．授業づくりの基礎・基本としてのヒント
（1）授業を、第三者の目で見ると
　授業を見る機会に、第三者の目でみると、授業者には、見えない部分が見えてきます。疑問がわいてきます。例えば、次のように、です。

> ①指導案を見ると、目標に"○○を楽しむ"が多すぎる。楽しむことを通して、どんな力をつけるのか、が目標である。
> ②肢体不自由校では、子どもの反応がほとんどないので、授業は、教師が盛り上げるものだと指導されてきたので・・・。にぎやかな授業も、子どもにとっては、楽しいことも事実ですが？
> ③「相手に気持ちが伝わった喜びを感じる」を目標にあげているが、先生の声が大きく、子どもの声を消していて、伝わっていない。
> ④笑顔を引き出すというけれど、快の状態の指標は、笑顔だけとは、限らないのでは？
> ⑤「主体性を育む」「主体性を尊重する」と目標に掲げているが、「子どもが起きる」のではなく、無言のままに「子どもを起こしている」のでは？
> 　　介助の基本を身に付けているの？
> 　障害が重くても、声かけによって、子どもの起きようとする気持ちを引き出すことは、大切なのでは？
> ⑥「主体性を育む」と目標にあるが、子ども自身が主体的に自己確認し、成就感を味わう時間のゆとりがないままに、次の展開に入っているのでは？　子どもの行動を教員が先取りしているのでは？
> ⑦授業の中で、子どもの学びを明確にしているの？　子どもの学びが実現しているのか、ビデオによる検証などの授業研究が必要なのでは？

⑧教材の意図は、何か？　次につながる目的を、どのように設定しているのか？　授業の終わりは、次の授業の始まりです。伏線を張りつつ、授業を展開していますか？
⑨授業は、子どものペースではなく、大人のペースになっていないか？
⑩反応のある元気な子どもに目がいって、忘れ去られている子どもが、いるのでは？　ＳＴ（サブ・ティーチャー）は、何をしているの？

　等々、授業を第三者の目でみると、様々です。

（2）「子どもを変える」のではなく、「子どもが変わる授業」への転換を

　専門性を高める質の高い授業は、「子どもを変える」のではなく、「子どもが変わる」授業づくりにあると考えています。子どもが主語の授業です。子どもの主体性を引き出し、子どもが変わることに着目した授業は、次のような要素を備えていると考えています。

　　＊指導内容や目標、個に応じた課題が、具体的で分かり易く示されていること。
　　目標等の優先性や重点化が図られ、教師がそのことを意識し、明確にして指導していること
　　＊個々の学習特性やその子どもに必要なアセスメントなどに基づいて個別の指導計画が作成され、活用されていること
　　＊教材の質を分析し、検討し、吟味するプロセスを経て、教材を選択していること。
　　障害の重い子どもの場合には、子どもの能力を多面的に引き出せるように、マルチモーダルな働きかけができる教材を工夫すること。

　次にこれらの疑問や、子どもが変わる授業を創るためのヒントを述べてみます。

【ヒント１】授業は子どもが主人公の舞台とは…

　授業は子どもが主人公の子どもが輝く舞台です。子どもが主人公とは、「子どもの活動」が意図的に設定され、子どもが分かる授業です。車いすを先生に押されて、移動しているだけと思える授業は、改善が必要です。「動かしたい手があるのに、どうして、揺さぶり遊びばかりなの？」「私は、ここにいるよ！」「どうして、こんなに待つの？」との子どもの訴えが聞こえるような授業に出会います。「早い段階で手をつかう活動をしていれば、伸びる可能性が広がった」との教員の声も聞きます。子どもは、授業の主人公として、自分の能力を使いこなしたいと思っています。こんなことも振り返ってみたいことです。

　授業が始まる前から、授業は始まっています。

* 子どもたちは、先生たちが、教材を準備している様子を、教材から出る音、先生たちの忙しそうな声など、授業が始まる前の、やや緊張感のある雰囲気を感じて、ワクワクしています。これは、予告刺激です。この時、子どもたちは、授業に向かう心の準備をしています。
* 教室は、子どもの主体的な学びへの意欲を引き出し、生き生きした活動につながるよう整えられていることが重要です。準備された教材を見ることによって、子どもたちは、前の時間で積み上げた学習のイメージを思い起こし、今日の授業の展開を、子どもたちなりに想起し、予測します。
* 教材は、いつも事前に机などに整えておきます。その机は、間仕切りのカーテンなどがあれば、その後ろに置いて、始まるときに、カーテンを開けながら、徐々に見せていく方法もあります。カーテンを開ける時、子どもたちは、何が出てくるのかと、ワクワクしています。また、教材に黒い布を掛けておいて、その布をはずしながら、教材を見せて、子どもたちの学習のイメージを惹起する方法もあります。

　このように、授業の始まりを予告し、見通すことができることは、子どもの授業に向かう姿勢をつくり、授業への集中力を高めることになります。

【ヒント２】「子どもは何を学ぶか」明確にした授業を創ること
　授業の中で、子どもに何を学ばせたいのか、子どもは何を学ぶのか、子どもの学びを明確にした授業をデザインすることが、最も大切です。このことによって、子どもの学びが実現しているかどうかを評価するためにも、教員自身が意図的に設定するよう心がけたいことです。次に、成松招子先生の実践「アリババと40人のとうぞく」）の一部を抜粋し、紹介させていただきます（『子ども主体の子どもが輝く授業づくり３』）。子どもの変容を促す、教師の気づきと授業づくりの原理・原則が集約されています。

【『アリババと40人のとうぞく』の実践から】（以下、抜粋）
(１) 言語感覚を育むために、キーワードを選定しリストアップする。
　キーワードとなる言葉を精選し、教員同士、事前にキーワードを確認し、生徒が聞いてわかるように、声のトーン、リズム、スピード等の表現を工夫しました。また、「ドア」を「開ける」等、言葉を聞くだけではなく、動作を伴わせるようにし、その活動を繰り返しました。その結果、以下のような様子が見られました。

- 「やりたい人？」の問いに、それぞれの反応が見られ、やりたい気持ちを伝える反応が明確になった。
- 「ひらけゴマ」の言葉を聞くだけで期待感を持ち、扉が開く等の変化を楽しみにするようになった。

(２) 生徒がワクワクする「しかけ」を設定する。
　教室をカーテンで区切り、絵本の世界に入る入口として扉をつけました。年間を通じて、絵本が異なっても、その流れを継続しました。扉の中の部屋は暗くし、登場人物をライトアップさせる等、生徒の気づきを

促すようにしました。以下のような様子が見られました。

> ・カーテン奥の部屋に入り、扉を開けることや、呪文を唱えることをやりたいと伝えることが増えた。
> ・暗い部屋の中でライトアップされた登場人物に気づき、側にいる教職員に伝えることが増えた。

（3）自己選択・自己決定・自己確認の場面を設定する。

　選択時の教材は、視覚だけではなく臭覚、触覚、聴覚等の様々な感覚をつかって、選択できるようにしました。選択後には、その活動を楽しめるにしました。その結果です。

> ・選択する教材に注目することが増えた。
> ・目で見比べながら選び、それを側にいる教職員に伝える生徒が増えた。

（4）授業のまとめ

　授業を続けていく中で、授業の始まりに、生徒の前に立った時に、生徒が笑顔になったり、声を出したり、身体が動いたり等、全身で期待感を表出するようになりました。また、読み聞かせをすると、毎回同じ場面で声を出し、好きな場面だと伝える生徒も増えてきました。また、「やりたい人？」の言葉かけに、みんなそれぞれの方法で伝えるようになりました。国語・数学の授業以外にも「伝えたい」「関わりたい」気持ちを豊かに表現できるようになってきたことは、大きな成果です。学ぶ喜びを体験し、学び続ける力を育成する授業つくりを今後も続けていきたいと思います。（抜粋ここまで）

　次は、中村千冬先生の実践の一部の抜粋です。中学部の絵本を題材として授業づくりです。中村先生の授業づくりで大切にしたことも、子ど

もが分かる、授業の意図が明確にするコツといえるものです。参照してください（『子ども主体の子どもが輝く授業づくり３』）。

【「ポカポカホテル」の実践から】（以下抜粋）
（１）　授授業づくりにおいて大切にしたこと
①文化的経験を拡げる
　絵本を鑑賞し、言葉の音やリズムに興味や親しみをもったり、物語の雰囲気や世界観を感じたりすることは、言語がもつ・創り出す文化にふれる体験です。様々な物語に出会い、そのような文化的経験を広げていくことは、生徒が言葉への関心を高め、言語感覚を豊かにする上で大切であると考えます。そこで、生徒がこれまでに学習したことのない題材をできる限り（小学部で学習した内容と重複しないように）選び、経験の拡大を図れるように配慮しました。

②これまでの学習からの発展性を意識する
　小学部の時よりも、物語の中の語彙の種類や量、文章のボリュームが段階的に増していくように絵本選びをしました。小学部では擬音語や擬態語を中心とした短いフレーズの繰り返しによって展開される絵本が多く扱われていることから、中学部では、擬音語・擬態語が効果的に用いながらも、文章によって情景や場面展開が描かれているものを選ぶようにしました。ただし、生徒が物語の展開に見通しをもちやすいように、同様の場面が繰り返されるストーリーのものを選ぶようにもしました。

③はっきりとした「起承転結」があるストーリーを選ぶ
　物語の起承転結がはっきりしていると、読み聞かせにもメリハリが付けやすくなります。また、「静」と「動」、「明」と「暗」など明確な場面変化があると、生徒もその変化を感じとりやすく、展開の面白さが生徒に伝わりやすくなると考えます。そこでストーリー展開がわかりやすく、メリハリがある物語を選びました。

④授業の中で伝えたいポイントを明確にする　～重要ワードを決める～

　文章のボリュームが、生徒の集中力や理解力に対して多すぎると思われるものは、物語の主旨や面白さが生徒に伝わりやすいように、読む文を精選したり一部の台詞を言い換えたりして、読み聞かせの内容をアレンジしました。そして、単元（題材）の中でとくに生徒に感じ取ってほしい、イメージを深めてほしい言葉や台詞を「重要ワード」として設定しました。授業者は「重要ワード」を言う際の抑揚や音量、緩急に変化を付けたり、教材の提示方法を工夫したりして、生徒の場面理解や言葉の理解を促したいと考えました。

　次に「教材への自発的な関わりが増えた」ことも生徒の著明な変化として挙げられます。授業の場に慣れたこともあると思いますが、手掛かりとなる音や感触などを感じとり、受け止め、自分の気持ちを表情や発声などで表現しつつ、手を動かして教材に触ったり、つかんだりする自発的な動きが増えていきました。

　これからも、生徒達がより学びの楽しさを知り、生涯続く学びへの意欲を高めていけるよう、的確な実態や課題の把握、明確なねらいに基づく題材選びや教材作りを心掛け、生徒との「対話」を大切にしながら授業づくりを行っていきたいと思います。（抜粋ここまで）

　抜粋させていただいた実践は、両方とも絵本を題材にしています。
　両方の授業の共通点は、その仕掛けとして、盗賊の財宝のある洞穴に入る活動、ポカポカホテルに招かれて入る活動を設定しています。入る活動によって、未知の部分に入るドキドキ感やワクワク感を体験し、生徒のイメージを湧き立て、活動の結果を楽しめるようにしています。生徒の変化も、授業のデザインの工夫の結果かと思います。

【ヒント３】五感をフルに活用した授業づくり

　授業の話をする時、下記のパワーポイントを用いて、「五感の中でどの感覚を重視していますか」と質問します。ほとんどの先生が、「視覚」と答えます。多くの先生が、「視覚」中心の授業を組み立てていますが、私は「聴くこと」を重視した授業をすることも重要と思っています。ほとんどの子どもが聴覚に障害がないと思われるからです。

　「聴くこと」を重視した授業に必要なことは環境の静けさです。どの音に耳を傾けるか選択できるようになるには、意図的なやりとりが必要です。

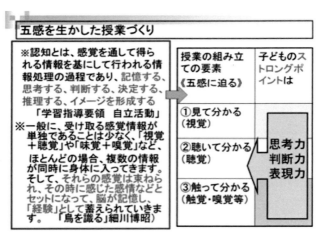

　「聴いて分かる」「触って分かる」力をつける佐藤有紀先生（『障害の重い子どもの授業づくりパート６』）の授業は、圧巻です。私は、小２の時から先生の授業を見始め、小６の時に再度見ることができました。次は、その授業の骨子です。

　　　【２年生の聴くことの課題】→「生活音ではない『お話の音や言葉の世界』
　　　　　　　　　　　　　　　　を捉えて、楽しんできけるようになること」
　　　【５年後には】→「『音』『キーとなる言葉』更には「やりとり」にも気持

ちを向けて、その方向を捉えながらお話をきくこと」ができるようになりました。
【2年生の触ることの課題】→「手の中に入ってきた教材を受け止めること」
【5年後には】→「自分に働きかけられたことがわかり、それに応えようとする気持ちをもって、相手の指を握ったり、手を重ねたりすること」『やりたい気持ち』を表しながら、両手で物にかかわろうとすること」ができるようになりました。

「聴くこと」「触ること」の活動を、音の方向や音の質を変え、手触りの教材を変えて行ったそうです。先生は、「何度も何度もぶれないで、繰り返し、繰り返し同じ働きかけをしてきました」と言っていました。子どもたちは、2年生のときからは別人のようでした。
　授業の中で「聴くこと＝音」の扱いをていねいにしてもらいたいと思っています。音があれば良いとして、どんなものにも鈴を鳴らし続けたり、大きな音を出したり、無頓着です。そこで、「音楽☆☆解説書」に書かれていることを読んで下さい。

　　児童の身の回りには、様々な音があふれている。雨、風など自然の音、犬や猫などの動物の鳴き声、風鈴や踏切のなど戸外の音、車や飛行機などの乗り物の音、調理の際の食材の煮えたり、焼けたりする音や包丁で素材を切る音など、多くの音がある。（中略）児童は普段注意して聞くことがなかったり、或いは過剰に聴覚に刺激となって聞こえたり、と、音に適切に触れ合う機会が不十分あることも考え、これらの音に気づき、興味・関心を持ち、心地よく親しむことが重要であると考える。
　　《指導上の留意事項》　4　映像や画像、或いは実物を工夫しながら同時提示）規則性、不規則生、音色、音の強弱などに気づかせるのも良い。

次は、「国語・算数」の授業の中での「言葉」「音」の扱いです。竹林由香先生は、「ぐりとぐらのおきゃくさま」などの絵本を題材としてい

ます。(『障害の重い子どもの授業づくりパート６』参照) 子どもが分かるように言葉を精選し、ていねいに扱っています。

【学習のねらい】

①短いお話の中で繰り返されるキーとなる言葉や音、その発信方向（左右・遠近・音の動き）、声の高低、簡単なやり取りをより確かに捉え、集中し、お話に期待感をもって聞き続ける。

②キーとなる言葉を、「自分への呼びかけ」として確かに捉え、自分の動きや気持ちと結びつけて、「応えていく」という簡単なやりとりと結びつけて、理解していく。

【留意点】

ことばを聞くだけではなく、行動を伴った経験が必要な段階と考え、動作に結びつく動詞をつかい、体を動かしながら学ぶようにする。例えば、「入れる」「どうぞ」など、子どもの動作を引き出すことばである

①音源（言葉を発するひと）は、ＭＴのみとし、だれの言葉に集中して聞けば良いのかを分かりやすくした。

②声や音の方向、音の動きが捉えやすい位置、発声の高さ（児童の耳の高さ）動きの速さを意識して語りかける。

③児童の気づきの様子を見て、必要に応じて語りかけの位置、繰り返しの長さを調整する。

④黒の衝立を、筒状に立てて、声が広がり過ぎないようにする。

【ぶどうを題材として使用した実践事例】

「ぶどう」という名称について、食べたことがない（食べることができない）、触れたことがない児童に言葉の理解をさせるために、「いろいろな感覚を使って理解すること」を重視した。

【視覚】見るべきポイントがわかるように、スポットライトを当てて注目を促す。

【聴覚】お話のなかで理解してほしい言葉を繰り返し登場させる。

特徴的な音（例：電車の通過音、さざ波）を使用する。

【嗅覚】そのものの香り（例：ぶどうの香り）をつけて提示する。

【触覚】実物や実物に近い形の模型を使用して、実際にものに触れる。

○「動かしながら触れると認識が高まる（触運動感覚）」とのことで、教員と一緒に、実物や模型に触れて「これが、○○だよ。こんな形をしているね。」と確認する時間を毎回設定しました。
○動詞や形容詞の言葉も同様に、「○○さんが、乗ります。」や「雪が、冷たい。」など、簡単な二語文を使用し、実際に自分たちが動いたり、目の前で動く教材を見たりし、実際の動きや感覚に名前があることを確認しました。

【ヒント4】子どもの主体性の感覚を磨く
①主体性を育むことは、授業づくりの根幹

子どもの主体性を育むことは、授業の根幹です。しかしながら、「主体性を育む」「主体性を尊重する」と目標に掲げていても、支援にあたって、子どもへの声かけ無しで、子どもの体をいきなり起こしている場面に出会います。主体性を育むためには、子どもを起こす時であっても、起きる動作を子ども自身が内面でイメージできるように、声かけを行うことは、忘れてはならないことです。

更に、子どもが活動した結果を、教師が先に「できた」と確認して、教師が先取りするアクションは、子どもの「主体性」の芽を摘んでしまいます。自分の行った結果を、子どもが主体的に自己確認し、成就感を味わえるようにします。子どもが自己確認するゆとりがないままに、次の展開に入ることの無いように、「間」と「ゆとり」とることです。

②子どものやる気を引き出すこと～子どものペースの尊重を

授業は、教師が盛り上げるものだと言われています。大きな声や音などによって、にぎやかに展開し、子どもにやる気を出させることが「教師の技」と言われ、「神話」になっています。保護者も本人も、盛り上げがないと授業に乗れない、と思い込んでいます。これは、教師主導の授業であり、子どもの内的で主体的な場から、程遠い授業です。特に。卒業後の進路先から、このことの弊害が指摘されていることも、念頭に

置きたいことです。子ども主体の子どものペースで、授業の展開を心がけることです。
　主体性の感覚を磨くことに関して、下記の提言を参照してください。

- ●自分が行動すれば、特によく考えて行動すれば、目標はきっと達成できる。他のことはおいても、この感覚をもって、子どもたちは学校を卒業することが大切です。私はこの感覚を「主体性の感覚」と呼んでいます。主体性が活性化されるのは、自分の周りの状況は自分の行動に応じた結果だと理解したときです。(中略)このような主体性の欲求は生涯にわたって、しかもとても強力に存在し続けます。
- ●教師による「言葉を用いた働きかけ」は、「行動とその結果」の橋渡しとなり、主体性の感覚を促します。教師は「よく考えて行動すれば目標は達成できる」と子どもに示し、同時に、「あなたは自分で目標を達成することができる人間だ」と示すことが重要です。
- ●教師も、その子を「できる」とみて、それを踏まえた新たな可能性を思い描くことが必要なのだ。

　　　　　　　『言葉を選ぶ、授業が変わる!』ピーター・H・ジョンストン

【ヒント5】子どもの学びを明確にする「3S+1」

　「シンプル・スリム・ストレート」は、私の授業づくりの合言葉です。子どもたちが分かるようにと意識して、かえって説明しすぎたり、言葉だけで伝えようとするために、言葉ばかりが溢れ、伝わっていない状況になります。子どもとの距離がだんだん遠くなってゆきます。シンプル・スリム・ストレートを意識した授業場面では、先生の言葉ではなく、教材に集中するようになり、次を期待するようになりました。授業展開の際に、無駄な言葉を省くために、シナリオをつくることによって、成果が上がっています。授業改善にあたって、次の視点でブラッシュアップしてみて下さい。

【Simple：シンプル】

・子どもに伝わり易く、子どもが分かるシンプルなことばを使う。説明ではなく、伝えること主眼にした声かけをする。
・キーワードを設定し、ことばによる豊かなイメージをつくれるようにする。
・シナリオを作成し、余計な言葉を省く。
・オノマトペは、もう一つの言葉と言われるように、子どもたちに馴染みやすい働きをしています。下の例のように、触覚と結びついて、聞いて分かる効果があります。

① かたい―やわらかい軸　　　（硬―軟）カチカチ　フワフワ
② 粗い―なめらか軸　　　　　（粗―滑）ザラザラ　スベスベ
③ 冷たい―あたたかい軸　　　（冷―温）ヒヤヒヤ　ホカホカ
④ 乾いている―湿っている軸　（乾―湿）カサカサ　ベタベタ

オノマトペは、言語学習の足場といっている次の提言は、参考にしたい助言です。

> オノマトペは、言語学習の足場
> 　子どもは、オノマトペが大好きだ。オノマトペが感覚的でわかりやすいというだけというだけでなく、場面全体をオノマトペ一つで換喩的に表すことができる、声の強弱や発話の速さ、リズムなどの感情を込めやすいなどの理由による。オノマトペは、子どもを言語の世界にひきつける。それによって、子どもは、ことばに興味を持ち、もっと聞きたい、話したい、ことばをつかいたいと思う。それだけでも、とても大事な働きだが、オノマトペに親しむことで、子どもは言語のさまざまな性質を学ぶことができるのである。
>
> 　　　　　　　　　　　　　　　　　　　『言語の本質』今井むつみ、中公新書

【Slim：スリム】

・指導内容を絞り、子どもが受け止め易い内容にする。あれも、これもと

詰め込まない。
・刺激を整理し、刺激を絞る。
・スリムな内容の積み重ねで、回を重ねると、深い学びができるように授業をつくる。

【Straight：ストレート】
・子どもの心にストレートに届き、その内容が伝わるような働きかけをする。
・学習内容が、順序だてて示されている。

【プラス1　Small step：スモール・ステップ】
・次の階段（課題）は、子どもが上り易い、小刻みな、ステップとする。
・子どもが自分で課題をクリアできるようにするとともにチャレンジしようとするなどの見通しをもてるようにする。

【ヒント6】授業改善のツールとして、活動分析を活用すること

　子ども自身が授業の評価者です。
　このことは、授業観察の外部専門家として、数校の授業を見て、辿りついた結論です。
　授業の活動分析によって、「子どもの変容がその授業を評価する」ということが明白になったからです。活動分析は、評価を目的としています。活動分析を考えるにあたって、下記の北尾先生の論文を参照しました。

　　※活動の記録、評価に当たっての留意点
　　○評価の出発点は、教育目標の設定にある。
　　○目標を設定し、指導内容として展開される活動を分析的に把握し、項目として設定する。
　　○活動分析による評価は、授業における子どもの行動を観察することに

よって行う。
○授業における子どもの活動のプロセスを注視し、記録する。
○教育的に意味のある評価にするためには、どのような「力」が実際に育成されたのかという点を客観的に問う視点が特に重要である。
○多面的、柔軟的、共感的に子どもを理解し、評価する。
○子どもの表面的な行動をそのまま捉えるのではなく、その背後にあるものに視点をおくことが大切である。
○子どもの行動を固定的にではなく、柔軟に捉えることが必要である。
○子どもは、個別性・多様性のある存在である。評価は、多様な視点で分析的に把握するためにチームで行う。
○教育的に意味のある評価にするためには、どのような「力」が実際に育成されたのかという点を客観的に問う視点が特に重要である。
《参考》「新しい評価間と学習評価」北尾倫彦編集　図書文化

　活動分析では、学習内容の活動を分析し、項目を作成します。授業を観察し、その様子を記録し、評価します。評価の段階は、例えば、◎・○・△・×などのように表記します。観察した子どもの様子を、授業担当者同士で情報交換し、表として一覧できるようにします。回を重ねると、子どもの変容が明かになります。
　次の表は、「お化け屋敷」の活動分析表です。活動の目標は、
①お化け屋敷という仮想の空間で、急に現れた、消えた、冷たい、驚いた、怖い等の減少や感覚を体験し、受け入れて、感性を豊かにする。
②自ら近づく、操作する、逃げる、助けを求める、戦うなどの自分に合ったやり方でお化けに反応する。
③友達と一共感緒に役割分担をして、活躍する。④友達と関係をもって活動する。
　火の玉ゾーン・霧ゾーン・スイッチお化けゾーンなどの活動場面ごとに評価項目をあげています。

お化け屋敷全3回に関する児童の評価

※変化した点は「→」「網掛け」で示す。 授業は、9／10、9／24、10／8 の3回行った。
◎ほぼ確実に見られた・できた（10〜9）、○その様子がよく見られた・できた（8〜5）、△芽生えがみられる又は少しできた（4〜2）、×できない（1）、■体調不良又は欠席

活動分析		Aさん	Bさん	Cさん	Dさん	Eさん	Fさん	Gさん	Hさん	Iさん
[1]火の玉	火の玉に気付く(視線を向ける)	■→△→△	■→△→△	○→○→◎	○→○→◎	△→△→■	○→○→○	△→△→△	△→○→◎	○→○→○
	火の玉に気付く(手を伸ばす、触る)	■→△→△	■→△→△	○→○→◎	○→○→◎	△→△→■	○→○→○	△→△→△	△→○→◎	○→○→○
	火の玉を注視する	■→△→△	■→△→△	○→○→◎	○→○→◎	△→△→■	○→○→○	△→△→△	△→○→◎	○→○→○
	気持ちを表現する(笑う、怖がる、泣く等)	■→△→△	■→△→△	○→○→◎	○→○→◎	△→△→■	○→○→○	△→△→△	△→○→◎	○→○→○
[2]霧吹き	水をかけられていることに気付く	■→△→○	■→△→○	△→○→◎	○→○→◎	△→△→■	△→○→○	△→△→△	△→○→◎	○→△→○
	気持ちを表現する(笑う、怖がる、泣く等)	■→△→○	■→△→○	△→○→◎	○→○→◎	△→△→■	△→○→○	△→△→△	△→○→◎	○→△→○
[3]ブラックライトお化け	スイッチに手を伸ばせる	■→△→△	■→×→×	△→△→△	○→○→○	△→△→■	○→○→◎	△→△→△	■→△→△	△→△→△
	お化けに気付く	■→△→△	■→△→△	△→△→△	○→○→○	△→△→■	○→○→◎	△→△→△	■→△→△	△→△→△
	スイッチを操作すると、お化けが浮き上がることに気付く	■→△→△	■→△→△	△→△→△	○→○→○	△→△→■	○→○→◎	△→△→△	■→△→△	△→△→△
	気持ちを表現する(笑う、怖がる、泣く等)	■→△→△	■→△→△	△→△→△	○→○→○	△→△→■	○→○→◎	△→△→△	■→△→△	△→△→△
[4]びっくり箱お化け	箱を開けようとする	■→×→△	■→×→×	×→×→×	△→△→○	△→△→■	△→△→△	×→×→×	■→×→×	△→△→△
	出てきたお化けに気付く	■→×→△	■→×→△	×→△→△	△→△→○	△→△→■	△→△→△	×→△→△	■→×→×	△→△→△
	気持ちを表現する(笑う、怖がる、泣く等)	■→×→△	■→×→△	×→△→△	△→△→○	△→△→■	△→△→△	×→△→△	■→×→×	△→△→△
[5]教員おばけ	教員おばけに気付く	■→△→△	■→△→△	○→○→◎	○→○→◎	△→△→■	○→○→◎	△→△→△	■→△→○	△→△→△
	自分なりの方法で対処する/促す、逃げる	■→△→△	■→△→△	○→○→◎	○→○→◎	△→△→■	○→○→◎	×→△→△	■→△→○	△→△→△
	気持ちを表現する(笑う、怖がる、泣く等)	■→△→△	■→△→△	○→○→◎	○→○→◎	△→△→■	○→○→◎	△→△→△	■→△→○	△→△→△
[6]ミラーボール＋おふだ	ミラーボールに気付く	■→△→△	■→△→△	△→△→△	○→○→○	△→△→■	△→△→△	■→△→△	■→△→△	△→△→△
	おふだに気付く	■→△→△	■→△→△	△→△→△	○→○→○	△→△→■	△→△→△	■→△→△	■→△→△	△→△→△
	おふだを取る	■→△→△	■→△→△	△→△→△	○→○→○	△→△→■	△→△→△	■→△→△	■→△→△	△→△→△
[7]おどかし役	火の玉に気付き、棒を持つ	■→×→△	■→△→△	△→△→△	△→△→△	△→△→■	△→△→△	■→△→△	■→△→△	■→○→×
	霧吹きで水をかけられる	■→×→△	■→△→○	△→△→△	△→△→△	△→△→■	△→△→△	■→△→△	■→△→△	■→○→×
	自分が脅かし役だということに気付く	■→×→△	■→×→×	×→×→×	△→△→△	△→△→■	△→△→△	■→×→×	■→×→×	■→○→×
	気持ちを表現する(笑う、怖がる、泣く等)	■→×→△	■→△→△	△→△→△	△→△→△	△→△→■	△→△→△	■→△→△	■→△→△	■→○→×
[8]おばけやしきの外で待機	中の様子を気にしている	■→×→△	■→×→△	△→△→◎	○→△→△	△→△→■	△→△→△	■→△→△	■→△→△	■→○→○
	気持ちを表現する(笑う、怖がる、泣く等)	■→×→△	■→×→△	△→△→◎	○→△→△	△→△→■	△→△→△	■→△→△	■→△→△	■→○→○

活動分析を行うメリットは、次のことです。

①担当者同士が共通の視点に立って、観察を行ったり、改善策や支援策を考えやすい。

②学びの「履歴」が残り、評価の見える化・可視化ができる。

③活動分析表の集約によって、どの学習（活動）内容がどのように伸びたか明らかになり、次時や次単元に生かしたりできる。

④子どもの変容を客観的に把握し、次の学びのステップを明確にし、系統性・一貫性・発展性を図れる。

⑤チーム力を高めるツールとして、教員間での共通した指標として、共通の視点に立って、授業づくりを協働で行える。

⑥授業改善のツールとして、授業後、改善点を数項目あげる。
→改善後の子どもの変化を記録する。→次の授業に反映させるなどのプロセスによって、授業の質を高めることができる。

【ヒント7】時間感覚を育てる。

　「朝の会」は、どの学校でも行っていますが、その意義はどんなことなのか、整理されていないような気がします。そこで、「朝の会」のカード並べは、時間感覚を培うことと考えてみました。

①「WISC」の「絵画配列」を参考にして

　子どもの学びを子ども自身が分かるようにする方法として、課題毎の「手順表」（＝課題カード）を使用する場合があります。その時間に学ぶことを、カードを縦に並べる方法です。その代表例が「朝の会」です。毎日その日の日程を確認するために、教科や活動名を入れたカードを並べてゆきます。更に、一つ終わる毎にカードをはずしていきます。このことは、子どもたちに時間感覚を身につける意義ある体験であると思っています

　手順表によって、小学部から、中・高等部へのつながりの意識を、育てています。例えば、生活単元学習や作業学習では作業工程表などを見ながら、学習を進めていきます。小学部の時から、この学び方を学んでいれば、主体性を育み、学習の手立てとして、習慣化できると思われます。

　「WISC-Ⅲ」には、「絵画配列」という動作性のテストバッテリーがあります。これは、事柄の順番を並べるテストで、時間的な順序の認識・時間の結果を予測する力、時間経過の理解などをテストするものです。

　生活単元学習等で使用する手順表としてのカードの活用は、このテストと同様、将来につながる学習の基盤として位置づけたいことです。

②小・中・高等部の系統性を意識すること

　学校卒業後を見据えた授業づくりにあたって、小・中・高を見据えて、つながりのある授業づくりが必要です。そのためには、各学部の授業を見る機会をつくることです。学校時代の12年間で何を学んだのか、系統化してみることは、学びの履歴となります。

　小中高の一貫性が課題になっていますが、その系統性を分析して、学

びの位置づけを明らかにすることは重要です。次の表を参照してください。

小・中・高のつながり・系統性（例：調理学習）

小学部「夏のデザートをつくろう」目標
①食材の味と種類を知る（食材）
②調理される前の食べ物の形を知る
③調理器具の使い方を知る。
④仲間と食事を食べることで、好きな食べ物を増やす

中学部「食べるってどんなこと」
目標
①季節と食材の関連に気づき、興味を持つ。（食材）
②朝食の大切さを知り、意識を高める。
③栄養についての知識を得る。
④簡単な調理の知識を得る。

高等部
「カフェを開こう」
目標
①生徒が主体となって店名・メニューや店内装飾を決め、学習を進める。
②生活におけるお茶の種類や入れ方、楽しみ方を一連の活動として体験する。（食材）
③生活の中で必要な買い物の方法を知り、日常生活のつなげる。

【ヒント8】「ほめる」ことから、自己肯定感へ

　「分かった！できた！」と自分で気づけるよう、自己選択・自己決定・自己確認の活動を設定し、取り組むプロセスを重視する授業が多く見られるようになりました。何を、どのように選択させるかは、授業の目的によって異なります。

　しかしながら、できたことを褒める、賞賛する、認める場合、用いる手立てには、年齢の応じた工夫が必要です。課題が遂行出来た時に、大きな拍手をすることが多いのですが、これも高等部になってからまで行っていることに疑問を感じます。学校卒業後の通所施設「生活介護」の場では、そのような対応をしないからです。

　ほめられたり、自分のやったことを肯定される体験は、自己を肯定的に捉え、自己に対する肯定的な自己イメージや自己有能感を育てる大事な機会です。

特別支援学校の学習指導要領自立活動には、「児童生徒が目標を自覚し、意欲的に取り組んだことが成功に結びついたことを実感できる指導内容。自己を肯定的に捉え、自己に対する肯定的な自己イメージや自己有能感を育てる」と示されています。

大人になっていくプロセスの中で、「意思決定支援」なども課題になっていますので、今後も実践を積み重ねて発信していく課題と思っています。

【ヒント9】「子どもが分かる授業」とは

　子どもが主体性を発揮できるためには、「子どもが分かる授業」を心がける必要があります。「分かる」ということは、「分ける」いうこと、「区別するということ」と言われています。「違いが分かる基盤は、感覚・知覚の働きである」と山鳥（2002）は述べています。

そこで、「子どもが分かる授業」をつくるための環境づくり、状況づくりについて考えてみます。その際、特に留意したいことは、教師も子どもを取り巻く環境の一つとして、その言動や姿勢が子どもの学びを左右し、子どもの学びを閉ざす要因となることです。

　【言葉かけに関すること】
　①選び抜かれた言葉による言葉かけによって、子どもの混乱や戸惑いを最小にする。
　②言葉かけは、「動作や視覚的な手がかりの多いことば」「抑揚の多いことば」「動作の伴うことば」「音の繰り返しの含まれることば」など、場面に応じた使い分けをする。
　③言葉かけは、子どもが分かるように、シンプルで明確な具体性に富む内容とする。
　④子どもの正面からしっかり働きかけ、子どもの心に届く声かけとする。
　【教室環境に関すること】
　①自分の居場所のある、いつもの場所を基点とすること。新しい場所の場合は適応に配慮する。

②子どもに教室環境などの現況を伝える状況づくりをする。誰が、どこに、どのように、どんな色などを子どもに分かるように伝える。
③時間的な見通しを持てるようにするために、砂時計や時計などによる理解を図る。
④絵や写真など、視覚的に子どもにとって、親しみやすく、分かりやすい表示をする。
⑤脳性まひ児や自閉性障害の場合には、転導性（不要な刺激や無関係な刺激に反応しやすい）が高いと言われているため、不要な刺激を抑制するために学習環境を整える。

【重複している障害の特性の理解に関すること】
①見えにくい子どもは、次のような点に困難を感じていることがあるため、その状態をアセスメントして、適切な対応をする。
　1）ものの形や色とその背景とを区別しにくい。→白黒反転などコントラストを工夫する。
　2）遠近感や立体感に欠ける。→触って状態を知る。音の変化などを手がかりとする。
　3）ものを見て理解するのに時間がかかる。→見えやすい大きさを工夫する。
　4）全体と部分を同時に把握することが難しい。→触って状態を把握する。
　5）まぶしさを感じる。→まぶしさをさける工夫や光源に向き合わないようにする。
②下記の触覚の特性を理解し、その特性を生かした適切な触わり方で、子どもの学びを促す。
　1）手を能動的に動かして、状態を知ることの効果が大きい。〈触運動感覚〉
　2）大きなものの全体像はつかみにくい。探すのに時間がかかる。
　3）形より質感の印象が強い。（表面の様子・水分・硬さなど）
　4）・表・裏が同時に分かる。内部を感じることができる。
　5）温度や重さが分かる。

（筑波大学　鳥山由子教授の最終講義）

③触覚に過敏がある場合は、触れられること又は触れることに拒否的な行動が見られるために、学習に困難が伴うことが多い。そのため、過敏の状態を把握し、その状態の軽減のために、指導法を工夫する。

【ヒント10】学校卒業後に向けて、どんな授業をつくるのか。

外部専門家として授業を観察し、終わった後の懇談の際に、下記の項目を自己評価してもらいます。低めに評価する先生が多いのですが、項目は、すべて、授業に必須ですから、一定程度の評価を求めています。適正に評価できる能力も必要です。評価の基準は、5・4・3・2・1など学校によって異なっています。評価が低い項目はどれで、複数ある場合、どのように連動しているかをみると、改善ポイントが見えてきます。

【明日に向かって、人生の基盤を創る～学校に求められる授業づくり15のポイント】

「実践的指導力」の評価

☐1 子どもは学びたいと思っている。その気持に応える授業の内容として、子どもが学ぶ「喜びや楽しさ」（成就感・自己肯定感）が用意されている。

☐2 授業で、何を学ばせたいのか、子どもは何を学ぶのか明確になっている。子どもの気づきを促し、子どもがワクワクする「しかけ」をたくさん盛り込んでいる。→授業の積み重ねによって、深い学びを創出できる。

☐3 「分かった！できた！」と自分で気づけるよう、自己選択・自己決定・自己確認の活動を設定し、結果ではなく、取組むプロセスを重視している。

☐4 学習は、子どもが分かるシンプルな展開、学習内容を受け止めて、イメージをつくり易いスリムな内容、子どもの心に届くシンプルな言葉かけを心がける。

☐5 場面等の変化に、子どもが気づき、子どもが分かる状況をつくる。子どものペースで活動を展開する。場面展開や場面の切り替えを工夫する。

☐6 できたことを褒める、賞賛する、認める場合、用いる手立てを工夫し

ている。年齢に応じたほめ方を工夫している。これらを通して、自己を肯定的に捉え、自己に対する肯定的な自己イメージや自己有能感を育てる。

□7　授業の「はじまり」と「おわり」が、スッキリし、キリッとしている。「始めます!」という前から、授業は始まっていることを意識している。

□8　展開と展開の間に、集中力をリセットする間とゆとりも持たせる。リセットは、子どもが学習内容を受け止め、子どもなりに考え、整理する時間帯と考える。

□9　授業は、コミュニケーションの場。伝え・伝えられる関係づくりの場。子どもの内面の動きに共感し、ことば(子どもの内面のイメージ)を育てる。

□10　子どもが聞いて分かるように、声のトーン・リズム・スピード・声色・大きさ・柔らかさ等の表現の工夫をする。

「授業のデザイン力」

□11　指導計画は、キャリア発達を促し、生涯にわたって学び続ける基礎力をつけるために、学びの履歴を明示するなど系統性・一貫性が図れるシステムの工夫がある。

□12　次の指導への伏線を張った指導内容を設定し、最終目標に向かって、一つ一つ積み上げていくスパイラルアップの内容構成をする。子どもが、少し難しい課題にチャレンジしたり、学習上の困難さを克服できるような配慮がある。

□13　教師が働きかけた時に、子どもの内面は、必ず動く。子どもの心を、動きのある豊かな活動世界として想像し、意味づけ、仮説を立てて、検証する。

□14　教材は、教科や自立活動などの観点からその質を分析・検討し、吟味するプロセスを経て、選択する。更に、活動の結果、「できたか、できなかったか」について、子ども自身が分かる教材づくりをする。

□15　コミュニケーション能力を高めるために、子どもに応じた言語活動を設定している。「言語は知的活動(論理や思考)の基盤であるとともに、コミュニケーションや感性・情緒の基盤でもあり、豊かな心を育む上でも、言語の能力を高めることが重要」との視点を重視する更に、個に応じたスイッ

チの開発、入力方法の工夫など、コミュニケーション機器の活用を図る。

4．おわりに

　学校時代は、生涯学習の基盤をしっかりつくる時です。これからは、「生涯学習」の時代です。「いつでも、どこでも、だれにとっても、いくつになっても、生涯学習を！」を念頭に授業づくりをしたいものです。学校卒業後の人生をどのように歩むのか等のキャリア教育も視野にいれた教育が、ますます求められてきます。

　授業は、子どものキャリアをつくる時です。キャリア教育の視点を授業に取り込み、目標への位置付け、学習内容の取り上げ方、重点の置き方、指導の展開の方法に一工夫があれば、教師も子どもも変化し、深みと広がりのある質の高い授業になります。子どもの「今」が「未来」へつながるよう、教師が意識して授業を展開し、授業に「時」を刻むことが重要です。

【キャリア教育のキーワード】
　　＊「存在」をつくること、より良く「いま」を生きること
　　＊空間の広がり（空間軸）と時間の流れ（時間軸）を重視すること
　　＊キャリア発達とは、自己の知的、身体的、情緒的、社会的な特徴を一人一人の生き方として統合していく過程である。
　　＊社会の中での様々な役割を果たしていく過程で見出す価値の積み重ねから紡ぎ出される個々人の生き様

（渡辺三枝子『キャリア教育推進の手引き』）

　最近、次の7つのポイントを踏まえて授業づくりを考えています。皆さんも参照してください。

> **重度障害者の実践　キャリア教育留意点7つのポイント**
> 「いま、対話でつなぐ願いと学び」キャリア発達支援研究8
>
> ①児童生徒の困難性に目を向けて「できない」と捉えるのではなく、児童生徒のもつ「よさ」や「可能性」に目を向ける。（得意分野の把握）
> ②「ありたい」「なりたい」という本人の「思い」や「願い」の理解に努める
> ③「思い」や「願い」を踏まえて、「できる」ことを生かした学びを追求する。
> ④「学び」における人・こと・ものとの関わりを工夫する。
> ⑤児童生徒のより良い学びのために様々な他者との連携・協働する。
> ⑥児童生徒が物事に向き合い、持つ力を発揮する姿について、内面を含めて捉えるようにする。
> ⑦児童生徒のいまの学びと将来をつなぐために「対話」に努め取り組みの過程を意味付け、価値付ける　　　　　　菊地一文

　私が、授業づくりについて考察を始めた時に、最初に触発された文言は、次の文です。授業づくりの原点と思っています。「闘う」という言葉に魅かれました。今でも、大切にしています。

> **学校の生命線（ライフライン）は授業、キーワードは、存在をつくること**
>
> ＊授業をつくるとは、教師が授業でその子ども一人一人の存在をつくることである。
> ＊それは、障害のある子どもの「自分づくり」の第一歩を手伝うことである。
> ＊教師がその子どもといっしょに"闘う"ことが授業づくりである。自ら闘って、子どもの存在をつくる教師の仕事場、それが授業である。
> ＊子どもの存在をつくるために、子どもの内面的なストーリーを聞き、受け止め、それを伝える。
>
> 　　湯浅編著「障害児の教授学入門」：コレール社

第2章 生涯学習の基礎知識(その1) 障害の重い人の生命育む生涯学習を!
～生涯学習の機会と場を広げるためのノウハウは～

1.「訪問カレッジ」活動は、気負いなく、自然な流れの中で始めた

　「訪問カレッジ＠希林館」（NPO法人地域ケアさぽーと研究所が主宰）は、平成24（2012）年7月に開設しました。私たちは、それまで、養護学校（当時）の医療的ケアの課題に取り組み、主に啓発活動に力を注いでいました。医療的ケアの課題も一定の方向性が見えてきましたので、次は、卒業後の受け皿として、訪問教育のようなことをやってはどうか、ということになり、気負いなく、自然な流れの中で、始めました。そして、10年有余です。私たちは、実際に実施してみて、その活動からたくさんのことを学びました。

　本稿では、新たに「訪問カレッジ」活動を始める方々のために、私たちの経験を記述し、全国に拡がる基盤となればと、期待しています。

(1)「訪問カレッジ」の活動を通して分かったこと

　私は、外部専門家として、特別支援学校の授業を観察し、助言しています。助言する際には、「学ぶ喜び・楽しさは、学校時代に、しっかり身に付けることが重要であり、今、楽しく学んでいることは、学校卒業後に芽が出て、花開くことになるでしょう。生涯学習の視点を大切に！」と実感を込めて、話しています。そして、授業の中で、先生が気づき、発見し、子どもと共感し、何よりも先生自身が、「授業って、楽しい！」と思えることがキーポイントと思っています。子どもたちは、先生が大好きです。熱意ある先生の生き生きした姿を、あこがれとして受け止め、

大人になっていくプロセスで、モデルのように感じていることも、授業をみると伝わってきます。このような学ぶ喜びを学校卒業後にも継続させたいという思いは、強くなるばかりです。

学校卒業後の事業に携わってみると、次に記すように、学校に通うことは、子どもの人生にとって、とても重みのあることと認識して、日々の授業に取り組んでいただきたいと思っています。

【「訪問カレッジ」をやってみて分かったこと】

①学校時代に身に付けたことを、ゆっくりと、自分のペースで、時間をかけて、自分らしさ・その人らしさを育んでいる。
　⇒学校卒業後は、ゆとりのある時間があり、時間軸が異なる。

②何歳になっても、緩やかではあるが、成長・発達をし続けている。
　⇒好きなこと、やりたいこと、夢などが年齢に応じて、変化してくる。

③カレッジの授業が始まると、学校時代に蓄積した力を発揮し、顔が輝き、「学ぶことは生きる喜び」と体現している。
　⇒学校で朝の会で歌っていた歌が始まると、笑顔がみられる。学校時代にしか、学ぶ機会は無い。

④一週間に一度の訪問であっても、その日を心待ちにし、生活リズムを整えている。
　⇒カレンダーに訪問の日を記し、時を刻み、期待感を持たせる。

⑤筋緊張や拘縮を予防する、身体の取組が最も必要なことである。
　⇒学校卒業後も、必ず取り入れられるよう、学校時代からその方法を確立しておく。

⑥年間を通じて、体調に波があり、変化が著しい。生命と向き合い、その力を精一杯できる「時」は、かけがえのない時間である。
　⇒一人一人の可能性を信じ、夢や希望にチャレンジできるようにする。人生の履歴をつくる姿勢が求められている。

⑦学習支援員にとっても生き生きした活動の場であり、生涯学習の機会となっている（人や場とのひろがり・つながりがあり、双方向的な活動である）。

(2)「訪問カレッジ」活動は、居場所づくり、「訪問カレッジ」の要件は何か

　次の図は、人としての尊厳ある生活を一歩一歩積み重ねていく際のステップを示しています。学校卒業後、在宅生活になると、居場所が無くなります。所属感も失われ、致命的です。居場所がないために、失われることは、①生活リズムが崩れること、②所属感がないため、人とのつながりが限定されること、③興味や関心が薄れてくること、など生き生きした心の動きも滞りがちになります。

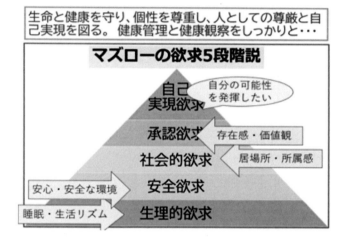

　学校では、どんなに障害が重くても、一人の児童生徒としてその子らしさが尊重され、価値づけられますので、生きる意欲も培われます。在宅になる場合は、訪問看護やヘルパーなどの地域資源を活用する進路指導は行っていますが、これは本人主体のサービスではないことに留意する必要があります。「生活介護」施設に通所だけではなく、訪問型の学びのスタイルがあれば、解決の糸口になると考えています。

　カレッジ生には、学生証を渡しています。これをご家族が宝物のように大切に飾っている様子をみると、更なる充実の責任を感じます。次は、「訪問カレッジ」の要件です。

【訪問カレッジの要件】
①一人一人のカリキュラムがあり、系統的・継続的に学べる年間計画・支援内容・個別の目標・評価を設定している。
②専門的な知識・技能のあるスタッフがいる。
③健康で生きがいのある生活のために、自らの個性や得意分野を生かす環境がある。
④家族も支援者として、協力している。

【生涯学習プログラムの作成に当たって留意すること】
①「訪問カレッジ」の学びは、その人、一人のものであり、他の誰とも取り換えることができないこと。したがって、個別のプログラムである。
②本人主体の取組とすること
③学びは、本人のペースで進めること
④学校で学んだこととの継続性・発展性があること
⑤学ぶ喜びや楽しさが体感できること
⑥その人の願いや夢が実現できること
⑦ライフステージに応じた内容であること
⑧学びの履歴が明確になっていること～終了証・評価表があること

(3)「訪問カレッジ」の推進力は、ご家族です

　当初、ご家族の熱心なご協力があって、「訪問カレッジ」活動が継続し、発展してきました。授業などの際に、アイディアを提供して下さいます。一緒に共感してくださることは、学習支援員の励ましになっています。次の親御さんの手記から、学ぶ機会と場があり、お子さんの変容が見えることの意味を読み取っていただきたいと思います。

　　■「学び」の経験は、息子の心の栄養。生きるちからを支えてくれているように思います。そして、31歳の今も自分を更新中。多くの人たちに支えていただき、穏やかな日々を送っています。大丈夫！これからも心豊かな人生を。

- ■毎日点滴が必要で、外出がままならない中、学習支援員の先生方の授業を楽しみにしています。血圧や水分量のコントロールのための入院が増え、通所したり、リハビリを受けたりする機会がめっきり減り、身体のかたさや変形の進行が気になっています。「からだ」の取り組みの後は、身体がとても楽になるようで、その日は一日中機嫌良く過ごせます。
- ■私が抱き上げることが難しくなってきたので、抱っこで身体を起こしてもらうことで、排痰もスムーズになり、視界も広がりますし、色々な姿勢をとり続けることができてとても助かっています。
- ■今までは、娘の気持ちは家族にしか分からないと思っていたのですが、諦めずに聞いて下さる先生方に応えている姿があり、感動しました。体調が不安なため、あまり外出していなかったのですが、トーキングエイドで、しっかりと切実に外出したいと伝えてきたこと、思い切って外出することができました。
- ■また、お化粧や着替えもしていなかったのですが、本当はしたかったのだと伝えてくれ、驚きました。21歳の女性の生活をさせようと反省しました。大学の学生さんが来て下さったときも、「友達♡友達♡」とずっとハイテンションでした。姉妹だけではなく同世代の人たちとの交流も必要なのだと感じました。（卒業生　2018年に旅立つ）

　次に、お母さんの要望から生まれたアイディアである医療物品のリサイクルの教材を紹介します。定期的に交換し、廃棄するしかない物品の活用です。訪問を重ねるごとに、作品づくりをお母さんも楽しみにして、積極的にアイディアを出し、訪問授業内では仕上げることのできない作品を宿題として引き受けて下さったり、出来た作品を訪問看護師やヘルパーさんにも手伝ってもらったりなど、訪問カッレジの活動の幅を広げて下さいました。
　カレッジ生の笑顔が、ご家族の生きがいとなり、お母さんも思いなしかどんどん元気になっているような気がしています。

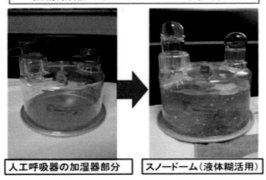

（4）学習支援員の働きが、「訪問カレッジ」活動の支えです

　「訪問カレッジ」では、2時間の中で、からだの取組、音楽、個別学習など、学校の訪問教育と同じプログラムで展開します。学習支援員の方に資格は必要ありませんが、そのほとんどが元特別支援学校の先生です。それも退職後に関わって下さっています。「訪問カレッジ」は、制度がないため、ボランティア活動並みで、ご苦労をおかけしています。

　　【学習支援員の方の感想】
　　■障害のある方は、発語はなくても「ことばの世界」に生きていると思います。周りの人からの言葉かけをよく聞いています。それは生活年齢からくる言葉の積み重ねと考え、生活年齢を大事にしていいます。ご家庭が協力的で、家族のあり方などを学ぶことも多く、やりがいにつながっています。「私自身の生涯学習」でもあります。
　　■「訪問カレッジ」の学びには、可能性へのチャレンジがあり、感動の瞬間に立ち会える時もあります。学びによって学生を「支えている」のですが、「支えられている」と、双方向の関係性が成立しています。このことは、人を動かす「支え合い」のサイクルです。
　　■いのちと向き合い、いのちを輝かせ、懸命に学ぶ「訪問カレッジ」の学生の姿には、人を動かす力があります。感動があります。ネットワークのメンバーは、「もっと学びたい！」「学びは楽しい！」との声に動かさ

れて、今日まで歩んできました。

（5）まとめ＆「訪問カレッジ」の直面している課題
「訪問カレッジ」の活動を下記のように手短にまとめてみました。
1）　医療的ケアが必要など障害の重い方の心豊かな人生への支援
①「学び」は、夢・希望そして生命を育み、生きる力を強める。
②日常生活の空間を、知的好奇心を促し、知的刺激のある学びの環境へ整え、生活の質を高める家族以外の人とのつながりを広げる。
③誰からも介助を受けられる。
④本人主体の活動を創出し、「学びの履歴」から「人生の履歴」を積み上げる。
2）　家族の方々への支援
①家族の側面的・積極的支援がある。（家族支援）
②家族の孤立化を防ぐ〜話し相手・心理的な支えとなる。
③成長・発達の喜びを分かち合い、共感によって関係性を築ける。
3）　地域社会への発信
①生命を尊重し、生命の価値を伝える。

（6）重度障害者・生涯学習ネットワークの形成
力を合わせて協力して、課題解決するために「重度障害者・生涯学習ネットワーク」を組織しました（現在17団体です）。そして、令和4（2022）年の11月に、ネットワークが主催して、横浜パシフィコで、「訪問カレッジ　学びの実り〜アート＆ミュージックミュージアム」（文部科学省学校卒業後における障害者の学びの支援に関する実践研究事業）を3日間にわたり、開催しました。初めての試みでしたが、各団体のみの活動から、次のステップに向けて、幅を広げることができました。

今、直面していることは、運営面での諸課題です。今後、各団体によって事情は異なりますが、安定した運営資金と人材の確保等の困難な課題の解決に向けて、理解啓発の活動を行っていきたいと思っています。

生涯学習のニーズは、年々高くなっていますので、その期待に応えて、「訪問型の学びの場」を拡充するには、ステップアップが必要であると切実に感じています。その方途は、何らかの形での法制度の確立です。小さな力の集積が。大きな力になり、社会を動かす日の招来を心待ちにしています。

第3章 障害の重い人の生命育む生涯学習を！（その2）
～人生の輝きは、学校時代に培われる～

はじめに

　最近、「訪問カレッジ」について、「始めたいのでどのようにしたらよいでしょうか」とか、「私たちにできるでしょうか」などの質問があります。このことに応えるために、入門編として、書き進めます。

1. なぜ、生涯学習なのでしょう！

　「訪問カレッジ＠希林館」の初代学生の佐藤友哉さんは、「肢体不自由教育251号」に「ICT機器で社会とつながり、夢を実現させる」というタイトルで、次のように書きました。

> 　私は、生まれた時から人工呼吸器を使用しているため、ずっと病院で生活しています。（略）学校卒業後は、「訪問カレッジ＠希林館」での学習に取り組んでいます。訪問カレッジでは、毎週月曜日の14時〜16時までの2時間、先生がベッドサイドに来て、パソコンで作曲したり、絵を描いたり、電子図書を読書して感想文をまとめたり、オリジナルの電子絵本を作成したりしてきました。また、フェイスブックを通じて、友達ができたり、ペイントで描いた自分の作品などを発表したりもしています。

　パソコンは、額にピエゾスイッチを貼り付け、眉間の動きで操作しています。佐藤さんは、更に、電動車いすで散歩をしたいという夢にチャレンジし、外出によって世界を広げるなど、学校卒業後の人生の履歴をも、一つ一つ積み上げ、豊かな自己実現をしています。

佐藤さんの所属する「訪問カレッジ」のモットーは、
「生きることは、学ぶこと。学ぶことは、生きる喜び。」
「生涯にわたって、学び続ける喜びを！」
「いつでも　どこでも　だれにでも　いくつになっても、夢と生命を育む生涯学習を！」です。
　佐藤さんの生き方は、モットーそのものを具現化しています。パソコンは学校時代に学んでいます。特に、ステキな曲を作曲しますが、これも学校時代にその初歩の手ほどきを受けています。学校時代12年間の体験や知識等が貴重な基盤になって、つぼみが花となり、学びを結実させるという学校の使命をも具現化しています。人生100年時代と言われ、今、ライフステージに応じて、その人らしく輝く人生を築くために、学校として、「生涯学習」の視点は、欠かせません。本稿では、そのヒントを紹介します。

２．生涯学習に関する３つの視点
【生涯学習の視点１】
　　授業の中に、生涯学習の視点を盛り込む姿勢を！
　ある特別支援学校の研究会でのことでした。「不思議なアンサンブル～旋律の反復と音の重なり」という音楽（高等部）の授業の報告を聞きました。授業の目標は、次のことです。

　　　①現代音楽の特徴や雰囲気を味わう
　　　②音の重なりや、楽曲の雰囲気を感じて、自分なりの方法で表出する
　　　③声や楽器の響きを感じとり、表情などであらわす

　授業では、イルミネーションを利用して雪の様子を演出し、楽曲のもつトランス状態の様な不思議な雰囲気を醸し出し、音を受け取りやすいように、耳の後ろに反響板を置いています。トーンチャイムやシンギン

グボールで音を響かせ、タブレット端末をタッチして、同様な音を出し、生徒が主体的に参加できる音楽の授業となっています。

　授業のまとめとして、先生は、「このような音の体験を通して、学校卒業後に心豊かな生活を送ってほしい」と結びました。

　「学習指導要領」に、記された「児童又は生徒が、学校教育を通じて身に付けた知識及び技能を活用し、持てる能力を最大限に伸ばすことができるよう、生涯学習への意欲を高めるとともに、社会教育その他様々な学習機会に関する情報提供に努めること。第5節1の（4）」を参照すれば、この授業は、生涯学習への意欲を高めるものとなっています。

　この音楽の授業のように、学ぶ喜び・楽しさを通して、学校時代にしっかり身に付けた力は、生涯にわたる「生きる力」となり、ライフステージに応じて、持てる力を発揮することになるでしょう。授業の中に、生涯学習の視点を盛り込む姿勢が求められています。

【生涯学習の視点2】
文部科学省の「障害者の生涯学習の推進に関する施策」への期待

　次は生涯学習の推進に関する文部科学省の施策について、見てみましょう。平成29（2017）年4月、文部科学大臣が、「特別支援教育の生涯学習化」について発出しました。その背景には「障害者の権利に関する条約」の批准があります。その第24条に「あらゆる段階における障害者を包容する教育制度及び生涯学習を確保する」との条項があり、その実現が、我が国の課題となっていました。条約に関して、教育は、インクルーシィブ教育に関する条件整備を行い、福祉では、「障害者総合支援法」や「障害者差別禁止法」を策定しています。そして、次は、「生涯教育を確保する」という条約の実現です。以下は、国の動向です。

《平成29年4月》
　文部科学大臣が、「障害のある方々がそれぞれのライフステージで夢と

希望をもって生きていけるよう、生涯にわたる学習活動の充実を目指すために関係部局の連携を図ること。今後は、障害のある方々が生涯を通じて教育、文化スポーツなどの様々な機会に親しむことができるよう教育施策とスポーツ施策、福祉施策と労働施策等を連動させながら支援していくことが重要。これを『「特別支援教育の生涯学習化』と表現すること。各地方公共団体においても、関係部局の連携の下、国と共に取り組んでいただきたいこと」と発出しました。そして、「特別支援総合プロジェクト特命チーム」と「障害者学習支援推進室」を設置しました。この宣言の背景には、特別支援学校の保護者の発言が、大臣の心を動かしたとのことです。大臣のメッセージによって。生涯学習がどのように発展していくのか、見通しのもてる状況になりました。更に、29年4月7日付で、「障害者の生涯を通じた多様な学習活動の充実について（通知）」（29文科生第13号）によって、徹底化を図っています。

《平成30年3月》
　文部科学省生涯学習政策局生涯学習推進課障害者学習支援推進室が「学校卒業後の障害者の学びの推進に関する有識者会議」を開催し、全国の生涯学習を展開している団体からヒヤリングを行い、諸課題の検討をしました。

《平成30年10月)
　文部科学省が組織を改組し、「総合教育政策局　男女共同参画共生社会学習・安全課　障害者学習支援推進室」となりました。文部科学省の意気込みが伝わる改編です。

《平成31年3月》
　有識者会議の提言として。「障害者の生涯学習の推進方策について～誰もが、障害の有無にかかわらず、共に学び、生きる共生社会を目指して～」（報告）をまとめています。以下に、報告書の内容を、抜粋します。「報告書」は、一度手に取って、必ず読んで下さい。文部科学省のホームページで、閲覧できます。

- ◆目指す社会像として、障害者が、健康で生きがいのある生活を追求することができ、自らの個性や得意分野を生かして参加できる社会であること
- ◆重度・重複障害者にとっての学習は、人や社会とのつながりを持つ上でも大変重要なものである。本人や保護者、支援者には、学校に就学している間にできていた学習や周りの人との交流を卒業後も継続したいとの希望が極めて強いことも念頭に置いて、学びの場づくりを進める必要がある。
- ◆ライフステージ全体を通じて、本人が希望する学習を主体的、継続的に行うことができるよう、条件整備を行う必要がある。生涯を通じて自己の発達や成長に向けて学び続ける環境の整備を図ることで、障害者の真の社会参加・自立を実現することが期待できる。
- ◆（重度・重複障害者の学び）重度・重複障害者が、学校卒業後も生活年数を重ねることで感情の表現なども豊かに成長することに鑑みると、ICTを活用した意思伝達、意思表示装置を使用した学習や、タブレット端末を活用した音楽に関する学習、身体活動等に関するプログラム開発を行っていくことも重要と考えられる。

《令和元年～令和3年》
令和元年度から「共に学び、共に生きる共生社会コンファレンス」を全国6ブロックで開催、その後も、同様な取り組みを展開し、理解の輪を広げています。今後の成り行きと成果を期待し、注視したいと思っています。

【生涯学習の視点3】
なぜ、カレッジが必要なのでしょう～生涯学習ニーズ～

学校卒業後、在宅生活を送る障害の重い方々の多くは、「大学に行きたい！」「もっと勉強したい！」などの「学び」を希求しています。それは、存在を懸けた声にならない叫びです。そのような願いに応えるために、制度にはないのですが、「カレッジ」等の名称を冠した学びの機会と場を創ってきました。その取り組みは、かけがえのない人生のかけ

がえのない「時」を、学びたいことを学ぶ「時」とすることがモットーです。約10年間の活動の中から、なぜ、カレッジ活動が必要なのか、生涯学習のニーズについて、そのエピソードを紹介します。

《エピソード1》
　Mさんは、高等部卒業にあたって、「特別支援学校には、なぜ、大学部が無いの」「大学で勉強したい」「大学部をつくって下さい」と校長先生に手紙を書いたそうです。これまでにも、このような声は多くあり、一笑に付されるような状況でしたが、Mさんは、「訪問カレッジ」に入学しました。Mさんには、学びたいことがたくさんあるのです。
- iPadのえいごがたのしいです。
- がっこうでもあみものをやりたいです
- はいくをつくることがとくいです。
- すうがくで、おかねのけいさんがしたいです。
- がっこうで、えいごをやっています。

　Mさんの学びたいという気持ちに応えるために、次のことを大切にしています。
①カリキュラムを設定し、年間計画・学習内容・個別の目標・評価を設定する。
②専門的な知識・技能のあるスタッフがいる。
③健康で生きがいのある生活のために、自らの個性や得意分野を生かす環境がある。

《エピソード2》
　訪問型の学びの場として。「訪問カレッジ＠希林館」を設けた契機は、特別支援学校の卒業生山本利恵さんとの出会いです。山本さんは、入学について「私は一昨年肺炎になり、気管切開をしました。それで声を失いました。絶望のどん底に落ちてしまいました。その時、元担任の先生から声をかけてもらって、訪問カレッジに入りました」と書いています。山本さんのお母さんによると、「気管切開の手術が終わり、声を失ったことを知り、

なぜ、分離手術にしたのかと責められ、それから『死にたい 死にたい』と訴えるようになりました。泣いても声が出ないのも、見ていて心が痛みました」とのことです。山本さんの心の痛みを知り、こういう方のために、訪問型の学びの場をつくる必要があると、背中を押されました。訪問カレッジ入学後の山本さんの活躍は、素晴らしいものがあります。特に、「伝の心」を使った創作活動は、朝日新聞の声欄に掲載されるなど、社会的にも評価されています。

《エピソード3》
　「Yは双子の妹として授かりました。上の姉は大学生になり学べる環境があり、Yにも同じように、形は違えど、学べるチャンスを頂き、とても感謝しています。訪問カレッジでは、興味がある事などをたくさん発見していけたらと思っています」この保護者の言葉は、ご姉妹の大学と並存させて語っていることに、ご家族の安らぎにもなるなど。ほのかな希望を感じました。

《エピソード4》
　卒業後の生活を、保護者はどのように思っているでしょうか。「学校時代と同じような学びの機会がほしい」と切実に思っています。次は、家族の生涯学習に関する願いです。
（1）学校教育との関わりがなくなると、社会から隔離され孤立している感じになった。卒業後もこれまでと同様訪問してくれるようなサービスがほしい。
（2）卒業後も生涯学習の場がほしい。
　①地域生活の充実のためには、本人の生きがい・好きなこと・やりたいことなどへの参加・活動の場が必要である。
　②生活介護事業所にも通っているが、生活の介護としての援助はあるが、学校時代のように本人が集中して意欲的、主体的に活動する学習のような場がほしい。

3．訪問カレッジの実際

次に、実際に訪問している実践事例を紹介します。

「訪問カレッジ＠希林館」訪問記録例　　支援員１名　自宅への訪問
令和４年４月９日

　新しい年度の学習がスタート。年間学習予定：シラバスを渡し、学習内容を話しました。今年度のスタートは、多色刷り版画です。どういう順番で、何をするか。それはどうしてか等を説明しました。

①スチレン版画に凹をつけます。

　ピエゾスイッチをマビーにつなぎ、ボクシングロボットを動かしました。右目の上にセンサーを付けたのですが、操作に手間取っている様子でした。後でわかったのですが、目が痛くて、センサーを動かしづらかったようです。それでも、スチレンボードの版にボツボツ小さな穴がたくさんあきました。次に、電動肩叩きを操作し、車の型を使って凹跡をたくさんつけました。スイッチ操作と同時に、左手を一緒に動かして、鉄ブラシでボード版に跡もつけました。大人との一緒の作業でも、自分で作業をしたという成就感がもてるようで、表情が柔らかくなります。

②色を使って刷る。

　色選びは、黄色を選択。そして、それにゴールド（金色）を混ぜて色付けをしました。　ローラも一緒に持ち、版に色を塗り、和紙に写し取りました。それを２枚刷り、そのうちの１枚に、波段ボールの素材に色付けをし、重ね刷りをしました。はじめは、何をするのか分かりづらく、意思表示が全くありませんでした。試しにやってみようと、誘い、重ね刷りをしてみました。その出来栄えをお母さんから褒められると、目が大きく開き、俄然やる気になりました。一通りの過程を再体験したことで、作品作りの流れを見通せるようになったようです。それまでフリーズしていたように反応が少なかったのが、口を良く動かし、感想を話してくれているかのようでした。「今日は、練習。次回またやるよ。」と伝えると、嬉しそうに笑顔も見られました。

令和4年9月10日 14:30~16:30

　学習内容は、前回染めた和紙を団扇に貼る活動と、新たにステンシルで和紙を染める活動です。

　　①団扇に貼り付けるために、水溶きボンドを筆につけ、左手で団扇に塗ります。白い台紙に白い糊なので作業内容が確認しづらかったのですが、目を閉じずに活動しました。次に染めた和紙を貼り付け、一緒にてのひらで押さえつけました。さらに和紙を四角や丸の形に切り抜いたものを、団扇に一緒に貼り付け完成させました。全体が薄い黄緑の涼しそうな団扇が出来ました。

　　②ステンシルで和紙に色付けをする。

　　　　今度は、ピエゾスイッチを右目の端につけてもらい、電動の肩叩き機を動かしました。ステンシルの上にカラースタンプのスポンジ土台を乗せ、スイッチ操作で機器を動かし、スタンプの土台を上から叩きます。はじめは、動かしませんでしたが、何度かやった結果をみせると、見通しがもてたらしく、スイッチを自分から動かすようになりました。特に、豪華な金色の操作の時には積極的で、お母様から「昔からお金持ち色が好き」と、笑われていました。

令和4年9月24日　14:30~16:55

　前回超電導リニアモーターカーに興味があるという情報を聞いたので、学習前に、折り紙のリニア玩具を見せ、学習意欲に働きかけました。それまで目をつぶって「勉強はしたくない」という態度でしたが、薄目を開け、組み立て玩具を確認している様子が有りました。

　　①布の染色の学習：色を抜くための糊をのせる活動をします。

　　　　まずは、ピエゾスイッチを右目に付け、太鼓叩き機を動かします。トントンと動かし、1回ごとに糊が布に付着し、その部分が色止めをします。はじめは、あまりスイッチ操作をしませんでしたが、少ない操作を褒め、出来上がりが凄く良いことも褒めると、気持ちが前向きになって、積極的にスイッチ操作をしました。ラッチタイマーを使わなくても、自

分から動かそうとしました。四角や楕円の面白い模様が出来ました。次に、指筆を左手中指につけ、布地の上に指で直接に糊を乗せていく活動をしました。指そのものの動きは、難しかったのですが、筆先につけた糊が布地に垂れ、流れ、しずくの模様になっていきました。これもまたお母さんと一緒に褒めると、目をしっかり開けて意欲的に活動しました。
②次の活動は、前回の続きで、多色染めをした和紙を団扇に貼り付ける活動です。

　この辺りになると、口先が尖がってきてしまい、「いつリニアの玩具を組み立てるんだよ」「やると言ったじゃないか」と、あきらかに文句を言っている表情になってしまいました。「お父さんにあげる団扇をつくるという約束をしたでしょ」「せっかく紙染めをしたのだから、完成させよう」と必死に説得して、大急ぎで団扇の作業をしました。左手に糊の付いた筆を持ち、紙や団扇の土台に塗り、和紙を貼り付けていきました。本人の自力での作業というよりも、一緒に手を動かし作品を作っていく感じになりましたが、何とか完成させました。最後に、リニアモーターカーの映像を観て、玩具を組み立てました。細かく難しい所は大人の作業ですが、じっと目を開け興味津々でした。組み立てたリニアの立体を、満足そうな表情でみていました。

令和4年12月10日　14:30～16:45

①スイッチを使って、クレヨンアートでの万華鏡作品つくり
　ピエゾスイッチを付けて、いつものようにマビースイッチを操作します。クレヨンの色は、オレンジ・ピンク・黄緑と2者択一の中で3色を目の動きで選び、決めました。ところが、この後、私が「スイッチ　スタート」と、声をかけると、口が尖がってしまって（不平・不満の意思表示）、学習活動拒否ポーズ。さて困りました。（多分、学習活動より、好きなリニアモーターカーの映像を先に見たいという心理のようです）いろいろ説得をして、再び学習のスタートです。「スイッチ。お願いします。」と声を掛けました。なんとか活動を再開しました。Oさんの意図でスイッチ操作をする様子が、初めの頃に比べると上手になりました。何とか3

本を削ってクレヨンの粉を作りました。そして、それを和紙の上に散らします。一緒に入れ物をもってポンポンと叩き広げました。それを一緒にアイロンを手に持ち、溶かします。とりどりの色の用紙が出来上がりました。最後にアルミ板を丸めて、覗くと万華鏡のように先ほどの色が変化した景色を見せてくれました。Oさんに見せると少し目を開け確認している様子。お母さんにも見てもらい一緒に「綺麗」と褒めると、また目を開け確認していました。完成です。休憩タイム。約束のリニアモーターカーの映像を見せると、さっきの倍の大きさで目を見開いてみていました。疲れたようなのでベッドに移り、仰臥位の姿勢で、「宮沢賢治の朗読：セロ弾きのゴーシュ」を、振動するスピーカーを使って聴きました。この時には、表情も柔らかくなり、朗読をとてもよく聞いています。座位の機会が少ないので、出来るだけ座位での学習活動をと試みてきましたが、体力と相談しながら寝た姿勢での学習も必要かなとお母様と話しました。

　次回は、クリスマス作品を作る約束をして終わりました。

令和4年12月24日　13:30〜17:00

　会ったときから何か口元に微笑みが有ります。「何かいいことがあったの？」と、聞くと目を開けて何か言いたそうな表情です。「通所先でビンゴ大会があって、なんと1等を当てたんです。賞品がこれ。」と代弁してくれました。しばし、祝福の賛辞。おめでとうと伝えると、嬉しそうでした。

　①絵本の読み聞かせ

　　クリスマスイブにちなんで、関連する学習をすることにしました。

　　「一人ぼっちの子猫」の絵本を、パワーポイント画像にして、物語の進行にあわせて、ピエゾスイッチを操作して「それからどうしたの」という声を録音機から出し、物語の進行を催促するという学習です。物語は、日本語の次に英語の朗読を重ねました。いざ始めようとすると、口を尖らせる「これ勉強したくない」のポーズが出ました。しばしお母さんと一緒に説得。その後で「仕方なくやるか」の表情。それでも、物語

を朗読していくと、静かに聞いて、口尖がりポーズは無くなりました。でも、ピエゾスイッチは動かしません。朗読のいよいよクライマックス。主人公の猫が幸せになれる瞬間。すると、それまで無表情だったOさんが、突然、笑顔になり、しかもしきりに口を動かし、何か話をしています。全く興味を示さず、仕方なしに付き合っていると、思わせておいて、実は物語をよく聞いていて、可哀そうな主人公がハッピーエンドで終わった瞬間「良かった！本当に良かった！」という感情を出したのです。このことに逆に感激しました。

②宮沢賢治『セロ弾きのゴーシュ』長岡輝子の朗読劇

　朗読時間が長いこともあり、いつも途中で終わっていました。「今日は、思い切って全部聴こう」と、疲れないようにベッドに移動して臥位姿勢で聴きました。長い朗読ですし、画面が多様に変化するわけでもなく、長岡さんの独特な東北訛の語りに聞きなれないことも多くあるはずです。ところがOさんは、今までにない目の表情と集中している様子をみせます。眩しくないように少し部屋を暗くしました。朗読に目を開け、聞き漏らすまいとしているようです。結局50分近くの時間を、じっと集中していました。終わっても、目を開け、余韻を楽しんでいるかのようでもありました。

おわりに

　いのちと向き合い、いのちを輝かせ、懸命に学ぶ「訪問カレッジ生」は、時を刻んで、糸を一本一本紡ぎながら、「夢」を織り上げています。そして、生きがいと喜びがあり、生き生きと輝く地域生活を可能にしています。年齢を経るに従って、精神的な成長がみられ、思いがけないことが出来たりして、ヘルパーさんなど周囲の人たちを驚かせ、喜ばせています。このような取り組みを約10年間継続してきましたが、各地に少しずつ広がってきました。もっと広げたいと願っています。

　通信「やまびこ」をお読み下さい。これまでの足跡が分かります。

訪問カレッジ通信「やまびこ」より

訪問カレッジ 🍀「やまびこ」	特定非営利活動法人地域ケアさぽーと研究所 理事長　飯野順子 〒187-0032 東京都小平市小川町二丁目1915 コーポ希林館103号室 電話&FAX 042-403-3229 Email: ccsupport@jcom.home.ne.jp

🍀 春らんまんのこの時のように

　「"訪問カレッジ"の取組は、《運動》です！」と、ある会で強調しました。「新たなシステムを創るために、5年後、10年後を見据えてのチャレンジです…」と、言いながらも、3年目に入りました。これまでに寄せられている期待を、ヒシヒシと感じていますが、いきなりのジャンプ・アップではなく、一歩一歩進むことを大切にしています。(と言うか、せざるを得ないことも、現状です。)

　今年も、お一人突然亡くなりました。短い時間ではありましたが、学習支援員の方が、本人に寄り添い、信頼されて、無くてはならない関係性を築いていたことに、訪問カレッジの意義があると思いました。支援とは、「存在を支える」ことなのです。

　"訪問カッレジ"の手応えは、「障害者が、その人格、才能及び創造力並びに精神的及び身体的な能力をその可能な最大限度まで発達させること」(「障害者の権利に関する条約　24条」)の重要性と可能性を実感したことにあります。何歳になっても。その機会と場が必要です。だからこその《運動》です。

　春は、ウメに始まり、コブシ、ハクモクレン、レンギョウ、ユキヤナギ、

サクラ、今は、ハナミズキです。春らんまんのこの時のように、"訪問カレッジ"の学生の方々の心に、次々と花を咲かせることが、"訪問カレッジ"の意義となるようにと思っています。

🍀 令和の時代に、花が咲き、実がなる時を待ち望んで！

　元号が「令和」と変わりました。その手話は、未来に向かって、花のつぼみが開いていくイメージだそうです。やがて、花が開く時がくることをイメージできる元号です。未来に向かって、私たちが咲かせたいのは、生涯にわたって学び続ける「喜びの花」です。

　先般「学校卒業後における障害者の学びの推進に関する有識者会議」で、「訪問カレッジ」の活動を報告しました。その会議の報告書「障害者の生涯学習の推進方策について～誰もが、生涯の有無にかかわらず共に学び、生きる共生社会を目指して～」が31年3月にでました。その会議の最終回を傍聴して、沸いてきた思いは、「私たちは、これまで医療的ケアの必要な方々の生涯学習の種まきをし、その芽が育ち、やっと双葉になっているところです。本報告書は、やがては青葉が繁り、おおきな樹になることを期待している関係者にとっては、基盤となる立派な植木鉢のプレゼントをもらった！」です。

　これまで、方向性も指針も何もない状況で、歩んできましたが、時を刻んでいけば、着地点が見えてくると、感じました。このことに関連する「報告書」の記述を引用します。

　重度・重複障害者にとっての学習は、人や社会とのつながりを持つ上でも大変重要なものである。本人や保護者、支援者には、学校に就学している間にできていた学習や周りの人との交流を卒業後も継続したいとの希望が極めて強いことも念頭に置いて、学びの場づくりを進める必要がある。

　このほか、本有識者会議においては、在宅での学習に係る意見もあったことから、文部科学省においては、関係省庁との連携も図りながら、在宅での生涯

> 学習の機会を設ける取組について、障害者にとっても学びやすい遠隔学習の在り方も含めて、優れた実践事例から研究を進める必要がある。

　この報告書を手にして、今、私たちに求められていることは、「優れた実践事例」です。
　このことは、訪問カレッジの学生さんの学ぶ姿で、実証済ではありますが、更に実証を積み重ねたいと考えています。
　また、本報告書には、目指す社会像として、「障害者が、健康で生きがいのある生活を追求することができ、自らの個性や得意分野を生かして参加できる社会であること」とあります。「訪問カレッジ」の活動は、この理念の実現に寄与しています。

医療的ケアの必要な方のキャリア発達を支援する

　私は、外部専門家の立場で、都内の肢体不自由特別支援学校の授業をたくさん見ています。その際に、「授業は、子どもの存在をつくる場、自己実現の場。子どもの内的で主体的な学びの場」と必ず言っています。「存在をつくること＝キャリア＝その人らしい人生の価値を創ること」と考えてのことです。
　今、学校では、授業の中にキャリア教育の視点をどう落とし込むかが課題となっています。キャリアは、「社会の中での様々な役割を果たしていく過程で見出す価値の積み重ねから紡ぎ出される個々人の生き様であり、したがって、一生続き変化し続ける過程である」とキャリア教育の専門家・渡辺三枝子先生は意義づけています。学校は、時間的にも空間的にも閉じている場ではなく、蓄積された力が、生涯にわたって発揮できるよう、未来につながる場とする指導や支援が尊重されるようになりました。

これまで、私たちは、「学ぶことは、生きること、生涯にわたって学ぶ喜びを！」として障害の重い子どもの「生涯学習」の機会と場の必要性を提言してきました。しかしながら、「生涯学習」と言うと、既成概念で受け止められ、「趣味」とか「生きがい」は「ぜいたく」と言われてしまう、との声も聞こえてきます。「生涯学習」は、どうも、アピール度が低いようです。

　そこで、卒業後も、学校との切れ目がないように、継続性・連続性・発展性を考慮し、「医療的ケアの必要な方のキャリア発達を支援する」として、アピールすることにしました。18歳以上の医療的ケアの必要な方々にとっては、その人らしく、生き生きと活動できるキャリア発達の機会は、奪われています。そして、「存在＝キャリア」を創る場は、皆無に等しい状況です。

　「障害者差別解消法」がスタートした今、キャリア発達の機会は、いつでも、どこでも、誰にでも、いくつになっても「合理的配慮」として備えられるべきと考えています。

　熊本の一日も早い安心・安寧な日々の招来と復興を祈念しています。
　参考までに…。

「障害を理由とする差別の解消の推進に関する法律」平成28年4月
（目的）第1条　この法律は、障害者基本法の基本的な理念にのっとり、全ての障害者が障害者でない者と等しく、基本的人権を享有する個人としてその尊厳が重んじられ、その尊厳にふさわしい生活を保障される権利を有することを踏まえ、障害を理由とする差別の解消の推進に関する基本的な事項、行政機関等及び事業者における障害を理由とする差別を解消するための措置等を定めることにより、障害を理由とする差別の解消を推進し、もって全ての国民が、障害の有無によって分け隔てられることなく、相互に人格と個性を尊重し合いながら共生する社会の実現に資することを目的とする。

第3章

 いのちの輝く時を、創るために〜学習支援員の支え

　小さないのちの灯を、懸命に点しながら、学びに向き合っている「訪問カレッジ」の学生たち。そして、学生のいのちを輝かせているのは、学習支援員の方々です。隔月に一回の打ち合わせ会では、「いのちが危ない状況だったが、退院してからは元気」、「骨盤骨折で入院したが、体位変換も困難…」、「行くたびにできることが限られてくる」、「冬になるので、何回授業ができるか…」等々のいのちに向き合っている姿が報告されます。

　学生にどんな活動で、どのように支えるかを考案し、豊富なアイディアを発揮しながら、一人ひとりに即した工夫をしています。そのため、学ぶ喜びが、いのちの支えとなっているのです。学習支援員さんは、特別支援学校の元教員です。多くの方が、障害の重い子どもたちに出会って、「いのちの輝く教育を！」と提唱してきた世代です。

　「集めた花や葉を、押し花にするために、講習を受けてきた」、「染色の技能を身に付けるために、専門店に行ってきた。庭にたくさん咲いたマリーゴールドで、染色した」、「物語を創作しているため、時代背景の考証が必要なので、歴史資料を読んでいる」等々、学習支援員さんも生涯学習です。更に、「訪問カレッジ・文化フェスタ」では、物語にステキな絵をつけて絵本にしたストーリーを、プロ級の腕前の学習支援員さんが、朗読によって披露をするなど、多彩な活動にも発展しています。学校卒業後は、「からだの取り組み」が、重要な活動です。静的弛緩誘導法の達人の学習支援員さんによる取り組みが、効を奏したのか、「レントゲンをとったら、湾曲していた背骨のゆがみが、治っていた」との報告がありました。緊張を解くすべを、本人が獲得した成果かもしれません。

　日野原重明さんは、「いのちとは、人間に与えられた時間でもあること、そのいのちをどう使うかが大切であること、どんないのちも、かけがえ

がないこと、だから、どんないのちも、粗末に扱ってはいけない」(「１０歳の君へ」)と言っています。生命の重さは、時間の重さです。一人ひとりの「時間」のその一瞬一瞬を、意欲・喜び・期待・感動などで包み込むことで、生命が輝きます。「訪問カレッジ」の取り組みは、かけがえのない人生のかけがえのない「時」を、学びたいことを学ぶ「時」とすることがモットーです。

　もう一つの大切な活動は、親ごさんを支えることです。ご本人が生き生きしていれば、親ごさんも、明るく元気になります。本人支援は、家族支援でもあります。悩みや不安、心配なことなどを、傾聴することにも時間を割いています。ずっしりと重い重荷を分かち合える「時」を創れることも、経験豊かな学習支援さんならではです。ご自分の健康に留意されて、長く学生に寄り添っていただきたいと思っています。

🍀「アイ　ビリーブ　イン　フューチャー　信じている」

　「文化フェスタ」は、「訪問カレッジ」の文化祭、そして、年１回のスクーリングです。「音楽」がメインの授業です。みんなで「にじ」や「ビリーブ」を歌いました。歌詞の「にじが　空にかかって　きっと明日は　いい天気」や「いま　未来の　扉を開けるとき　アイ　ビリーブ　イン　フューチャー　信じている」は、私たちの「訪問カレッジ」の制度化への気持ちそのものと思いつつ、私は歌いました。　今年は、特別支援学校の卒業生や卒業に向けて「訪問カレッジ」も進路の一つと考えている生徒さんの参加があり、「出会いと交流の広場」となりました。文化フェスタの方向性が示されたと思っています。

　「訪問カレッジ」は、現状では、福祉と教育の谷間にあって、次のステップに行く道筋がなかなか見え難いと感じています。しかしながら、その壁を打ち破るのは、訪問カレッジの学生さんの活躍です。その活躍一つとして、山本利恵さんの「単位取得証明書」の授与について紹介します。

山本さんの場合は、単位制学習カリキュラムに基づいて、前期は、本人の希望する「人体について」と「フランス革命」の学習に取り組みました。講義後にレポートの提出もあります。学習を積み重ねて、11.5単位を取得しましたので、「文化フェスタ」で証明書を授与しました。「カレッジ」らしい一コマです。他の学生さんも頑張っているので、学生さんには、カレッジ生らしいネーミングの賞状を考案したいと思っています。

医療的ケアを必要とする障害の重い方の多くは、在宅生活を余儀なくされていますが、「大学に行きたい！」「もっと勉強したい！」などの生涯にわたる「学び」を希求しています。それは、存在を懸けた声にならない叫びです。障害の重い方々の在宅生活を支えるには、次の三本の柱が必要とされています。

①重症児者通所事業として、生活介護事業、
②短期入所事業
③居宅訪問事業として、訪問看護事業、訪問療育事業等

さらに、近年は障害の重い方々のグループホームもできています。残念ながら、私たちの「訪問カレッジ」の取組は、この欄外でどこにも位置づけられない現状です。「訪問カレッジ」は、「余暇活動」ではなく、キャリア形成の場です。生きることそのものです。

上記の在宅支援の３本柱のどこかに、いつか訪問型の学習の場ができると、信じています。この原稿を、今、「アイ　ビリーブ　イン　フューチャー　信じている」と、口ずさみつつ、書いています。

夢と希望をかなえる「訪問カレッジ」の生涯学習

生涯のある方々の「生涯学習」の動きが高まってきました。機運の高まりは、国が本格的に動き始めたことに拠ります。私たちも、その動き

が高まるように、学生さんの学ぶ姿とその活躍振りを、広島・岡山・愛知・埼玉など全国に向けて発信しています。多くの方々が「すごい活動ですね」と感想を言って下さっています。生涯学習ネットワークに参加する団体も、当初の4団体から9団体になりました。
　お話しをする中で、スゴイ！ことに気づきました。それは、「訪問カレッジ」では、「一人一人の夢と希望を実現している」ということです。
　「電動車いすに乗って、散歩したい」は、佐藤友哉さんの夢です。関係する方々が、驚くほどの進歩で、文化フェスタでは、前進・後退、リクライニングの様子を披露して下さいました。「飛行機で、沖縄に行きたい」は、岩村和斗さんの夢です。学んだことを生かして、実現させました。岩村さんは、「シャローム大学校」に入学して、大使館見学など、見聞を広めています。学生さんは、それぞれ夢や願いをもっています。今年の「文化フェスタ」では、「つくったせっけんを一人一人に配る」「ミシンでエプロンをつくった」「色見本をつくって、スケッチブックに絵をかいた」「2019版　創作童話集を発行した」等々、一人一人の学びの様子を発表しました。そして、そのがんばりぶりに感動しました。体調が整わないため、活動に参加できなくても、「訪問カレッジ」の学生です。今後も、夢と希望を、その人に応じて、育んでもらいたいと思っています。
　今年の「文化フェスタ」には、ゲストとして、歌手の「奈月　れい」さんに出演していただきました。奈月さんは、「ロス・インディオス」ボーカルで、シャローム大学校の客員教授も務めています。
　歌っていただいた「明日へ」は、私たちの活動を鼓舞するものでした。
　　＊一歩だけ　さあ一歩だけ　歩き出してみよう　明日を信じて
　　＊君の歩幅で　望む場所へ　歩いていこう　あの日を信じて
　「訪問カレッジ」のような生涯のある方々の生涯学習を制度化することが、私たちの夢と希望です。一歩、一歩、歩み続ける向こうには、新たな世界が実現するものと思っています。

🍀 今は、歴史の1ページ、そして、新たな歴史の1ページを！

　令和2年度は、歴史の際立った1ページとして、深く刻み込まれるでしょう。これまでの人類の歴史は、年月を隔てていますが、感染症との闘いの歴史だったことを、新型コロナ感染症の事実を通して学びました。その年輪のようなサイクルの中に、今、私たちは組み込まれているのです。いつ終息するのかと思案しつつも、まさか、こんな状況を迎えるとは、思ってもみないことでした。

　訪問カレッジも、時を刻んで9年目です。当初、6人から、令和2年度は、3人の新入生をお迎えして、学生21名、学習支援員20名でスタートしました。順調に進むと思っておりましたが、4月7日に「緊急事態宣言」が発出され、「訪問カレッジ」の活動も休止しました。そして、7月になり、いよいよ始めようとしていたところ、東京都の感染者数の100名超えによって、9月からの開始に変更した方が、数名いました。新型コロナ感染症は、心理的にも、前に進めないような壁があるのです。

　このような中でも、新しい試みがありました。それは、オンライン授業です。その一人磯野祐希さんは、オンライン入学式を行いました。オンラインの手法でいけば、友達が増え、世界が広がります。現在、「訪

年度	在籍者	気管切開	人工呼吸器	酸素療法	吸引	経鼻胃管	胃瘻腸瘻	IVH	人工肛門
平24	6	3	3	3	5	5	1	1	1
25	10	6	6	5	9	6	3	1	1
26	11	7	7	5	10	7	5	2	2
27	11	8	7	5	10	4	3	2	2
28	10	8	7	5	9	4	3	1	2
29	12	8	7	5	9	4	4	1	2
30	15	10	9	7	11	7	4	1	2
令元	19	13	12	9	15	9	6	1	2
2	21	14	13	10	16	10	7	0	1

訪問カレッジ＠希林館学生一覧

問カレッジ」は 11 か所に増えて、ネットワーク化しています。そこに学ぶ学生とのオンライン授業も試行したいなど、夢が広がりました。

その磯野さんのお母さんから、いただいたお祝いメッセージです。

「訪問カレッジに入学して」

　小中高と訪問学級で学んできて、そのまま色々と学べる場があればと願ってきました。

　祐希は双子の妹として授かりました。上の姉は大学生になり学べる環境があり、祐希にも同じように、形は違えど、学べるチャンスを頂き、とても感謝しています。訪問カレッジでは、興味がある事などをたくさん発見していけたらと思っています。機会があればカレッジの他のお友達とも交流できたら嬉しいなと思います。

「訪問カレッジ」は、まだ制度化されていないなど、ある意味でささやかな活動でもあります。しかしながら、お母さんのことばにある「形が違う、学べるチャンス」は、お姉さんの大学にも匹敵する重みのある活動だと、意を強くしました。

私たちは、「訪問カレッジ」の活動を積み重ね、障害の重いか方々の生涯学習の場として正式に認知されるよう、その歴史を創りたいと思っています。その日が一日でも早く来るようにと願っています。

🍀 今は、生涯学習を広げる・深める・つなげる時です！

「訪問カレッジ＠希林館」の活動は、今年 9 年目です。この度、「来年は 10 年目となれば、何とかしなければ！」と、気合いを入れました。同様な活動をしている 11 団体のネットワーク化を図り、「第 1 回医療的ケア児者の生涯学習を推進するフォーラム」を共に取り組みました。訴えたことは、次のことです

いのちと向き合い、いのちを輝かせ、懸命に学ぶ「訪問カレッジ（総称）」

の学生の姿には、人を動かす力があります。小さないのちを灯し、時を刻んで、糸を一本一本紡ぎながら、「夢」を織り上げています。そこには、感動があります。ネットワークのメンバーは、「もっと学びたい！」「学びは楽しい！」との声に背中を押されて、今日まで歩んできました。今、直面していることは、運営面での課題です。安定した運営資金と人材の確保が困難なのです。生涯学習のニーズは、年々高くなっていますので、その期待に応えて、医療的ケアの必要な方々の「訪問型の学びの場」を拡充するには、ステップアップが必要であると切実に感じています。小さな力の集積が、大きな力になり、社会を動かす日の招来を心待ちにしています。

　このフォーラムでは、医療的ケアの対応のために、これまで参加を断念せざるを得ず、無念さ・悔しさを抱えていた保護者が、オンラインの設定よって、参加が可能となったことがあります。例え、空間は距離があっても、目に見えないラインつながっていることを実感できました。この手法は、今後に生かしたいと思っています。
遠方の方々の参加も得て、「広げる・深める・つなげる」という初期の目的を果たすことができました。さて、次の気合は、どのように入れようかと、思案中です。

🍀 10年目です！！

　「訪問カッレジ＠希林館」は、平成24年（2012年）7月にあきる野学園での説明会の日を、スタートとしますと、10年目を迎えます。私たちは、養護学校の医療的ケアの課題に取り組んできましたが、その課題が一段落して、卒業後のことに目を向けますと、愕然としました。医療的ケアの必要な方々の学校卒業後の実態調査がないこと、その中でも、在宅生活の中で、孤立化し、悲痛な思いを抱えていることだけは、伝わってきました。

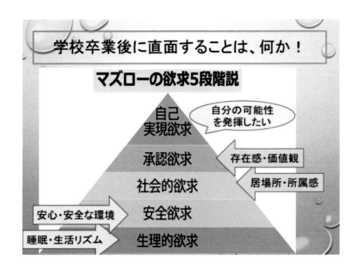

①学びの場と機会があり、自分の存在をありのままに生かし、「カレッジの学生」という所属意識が持てる。学生証は、誇りとなる。
②学校時代に身に付けたことを、ゆっくりと、自分のペースで、時間をかけて、個性や自分らしさを育んでいる。ゆっくりした時間軸がある。
③何歳になっても、緩やかであるが、成長・発達し続けている。ライフステージに応じた精神面（内面）のその人らしい変容がみられる。キャリア発達の視点で考える。
④カレッジの授業が始まると、学校時代に蓄積した力を発揮し、顔が輝き、「学ぶことは生きる喜び」を体現している。
⑤「○○を学びたい！」「○○したい！」など、常に夢や希望を持ち続け、チャレンジし、可能にしている。
⑥一週間に一度の訪問であっても、日数を数え、その日を心待ちにし、体調や生活リズムを整えている。
⑦「学生証」や「修了証」「単位取得証」などが、「学びの履歴」として「人生の証」となっている。
⑧年齢とともに筋緊張や変形・拘縮が高まってくる。授業の始まりに、必ず、リラクゼーションを行い、進行を予防している。身体の取組が最も大切である。高齢化に向けた対応が重要である。

⑨年間を通じて、体調の変化がある。生命と向き合い、その力を精一杯発揮できる「時」は、かけがえのない時間である。
⑩「訪問カレッジ」の学びには、可能性へのチャレンジがあり、感動の瞬間に立ち会える時がある。学習支援員との関係は、双方向性である。

🍀 名実ともに「研究所」に、そして、新たな活動の展開を！

　7月3日に引っ越しました。NPO法人を立ち上げた時、名称を「研究会」ではなく、悩みつつ「研究所」にしました。ステキな一軒家、庭には「シマトネリコ」のシンボルツリー、唯一無二のスロープ、何よりも圧巻は、看板です。10年目にして、貸主さんのご厚意で、こんな恵まれた環境で事業を運営できるとは、思ってもみませんでした。医療的ケア研修会の受講風景は、名実ともに「研究所」になったと、うれしい限りです。相談支援事業所「れんげ草」も順調に滑り出しています。次の課題は、スクーリングです。

　今、コロナは沈静化していますので、このままの継続を願うばかりです。

　9月に「特殊教育学会」での自主シンポジウム「障害の重い人の生涯学習4～当事者・保護者のニーズに基づいた支援」、10月に「第2回医

療的ケア児者の生涯学習を推進するフォーラム」の開催と生涯学習の理解を広げ、啓発する機会がありました。この2つの会で、改めて気づいたことは、10年を振り返ってみると、「訪問カレッジ＠希林館」の活動は、当初は小さい火種でしたが、「起爆剤」となったということです。しかしながら、まだまだです。関心のある方には、「訪問カレッジ＝訪問型の生涯学習」は、徐々に知られるようになりました。多様なスタイルの取組も全国的に拡充してきました。その中でも、愛媛大学の取組はモデルとして、今後の大学への発展が大いに期待されます。

　それでは、次の「ミッション」は、何でしょうか。

　今、直面していることは、運営面の困難さです。その解消の方途は、何らかの形での法制度の確立です。いのちと向き合い、いのちを輝かせ、懸命に学ぶ「訪問カレッジ」の学生の姿には、人を動かす力があります。小さないのちを灯し、時を刻んで、糸を一本一本紡ぎながら、「希望」と「夢」を織り上げています。

　このような姿を、居住している地域の「社会教育」関係者に、直接伝えていただきたいのです。障害の重い方々の学校卒業後の課題として、「生涯学習」の必要性を訴えてほしいのです。そのパンフレットは、後日、NPO法人のホームページに掲載いたします。

　私たちの活動は、小さなものですが、その小さな力の集積が。大きな力になり、社会を動かす日の招来を心待ちにしています。

♣「時のしずく」が「時の流れ」になる日を
〜80年の時の流れを振り返って〜

　私が教員になった40年代は、選考によって入学を決定していました。学校という器に子どもを合わせ、合わない子どもは、切り捨てられていたのです。しかしながら、「東京都教育委員会特殊教育通信（昭44年12月）」の中で、教育委員会自身が、「学校を断られて市民の権利を行使で

きなくなった障害の重い子供達や、親たちのいらだたしい無念の想いに満ちた声なき声に、ともあれまず耳を傾けるがよい。(中略)それは恐らく障害児教育には下限がなく、子供のいるところ、時と場所を問わず、教育はついてまわるべきだという何ともあたりまえの発想であることにも気がつかれるに違いない」と提言したのです。「教育に下限は無い」は、今思えば、希望者全員就学への高らかなファンファーレだったのです。「不合格」と聞いて、どれだけの方が涙を流したことでしょう。その流した涙の一つ一つが、やがて、養護学校義務制(昭和54年)という大きな時の流れになって。歴史を創ったのです。教員になりたての頃に、このような歴史の渦の中に立っていたことは、ささやかな誇りであり、その後の教員生活の礎になったと思っています。

次に、平成元年頃に浮上した「医療的ケア」についてです。医療的ケアが必要な子どもが通学を希望する場合は、保護者付添いが条件です。私は、当時東京都教育員会に勤務していましたが、その条件は、「就学猶予・免除」時代の再来のように思っていました。家族の都合で、通学籍ではなく、訪問籍になった保護者の涙にもたくさん出会いました。特に、医療的ケアの大変さを訴えたいのに、出かけることができないという悔しさの声は、今でも聞こえてきます。

医療的ケアの課題に出合い、その課題に取り組んできた最も大きな財産は、「訪問カレッジ@希林館」の誕生です。私たちは、平成9年に「医療と教育研究会」を設立し、養護学校(当時)の医療的ケアの課題に関する啓発活動に取り組み、平成19年に特定非営利活動法人地域ケアさぽーと研究所を設立し、平成24年に「訪問カレッジ@希林館」を立ち上げました。ほとんどの学習支援員の方は、「医療と教育研究会」以来の20数年のお付き合いです。

その方たちと、今、障害の重い方々の人生における「生涯学習」に取り組んで、法制化を目指しています。
「生涯学習」というミッションが、「時のしずく」から、「時の流れ」に

なる日には、「喜びの涙」で迎えたいと思っています。

訪問型学習支援事業の持続可能な制度創設に向けて
　～笑顔・笑顔、笑顔は生き生きと輝き、その学びは、年々実っています～

　「学びの実りアート＆ミュージックミュージアム」は、訪問カレッジ生の文化祭です。

　始まりのあいさつでは、「『学び』の経験は、息子の心の栄養。生きるちからを支えてくれているように思います。そして、31歳の今も自分を更新中。多くの人たちに支えていただき、穏やかな日々を送っています。大丈夫！これからも心豊かな人生を」（佐藤豊さんの母）を用いて、生涯学習の素晴らしさをアピールしました。訪問カレッジに関わる人たちは、「大丈夫。私たちに任せて！」と大きな声で言いつつ、常々、取り組んできています。

　この３日間を通して、新たな発見があり、今後の活動のヒントと可能性を見出すことができました。一つは、「バーチャルウォーク」です。ボランティアの大学生が、会場に来られない方に、iPadで会場案内をしました。特に、会話を交わしながら、リアルタイムで会場の雰囲気を実感したことによって、参加意識が高まったと思います。また、フォーラムの第一部では、オンライン西から東へとして学生リレートークを行いました。発表を聞いて刺激を受け、自分も同じようなことにチャレンジしたいと宣言した方がいました。今後も、オンラインで交流し、つながる時をつくることも必要と思いました。分身ロボット「OriHime」によるオンラインお仕事体験も新鮮な活動になりました。

　今年のフォーラムは、「訪問型学習支援事業の持続可能な制度創設に向けて」と私たちのミッションそのものをダイレクトに伝えるタイトルで行いました。提言をいろいろ頂きましたので、今後、創設の方向性について、更に追求していきます。

26日（木）には、野田聖子議員に「日本新生児成育医学会・学術集会」後に立ち寄っていただきました。11団体の学びの様子と作品、そして、個に応じた支援機器御を、熱心に見ていただきました。

第4章 医療的ケアは、今
~《私記》特別支援学校における医療的ケアのステップを振り返る~

　私の手元には、多摩養護学校の校長時代（1995年）の保護者から頂いた7ページの一通の手紙があります。

　　　1か月に1回、2カ月に1回でも、（いつも付き添うのではなく、母親と別れて）学校に医師や看護師さんを派遣していただいて、一日でも他のお子さんと同じような時間を過ごすことはできないものでしょうか。
　　医学の発達だけが、日進月歩進んで、このような子どもが増える一方、学校制度と言えば、"足踏み状態"。
　　結局、重度であれば、重度であるほど、そのしわ寄せは、母親にくる。こんな国のやり方に、憤りを感じる。

　こんな手紙に書かれた「付添い」問題が、国レベルで一定の方向がでるまでに、何年かかったことでしょう。
このように、特別支援学校における医療的ケアの道程は、「無名の碑」を築いた人たちの涙と思いの詰まった歴史の道でした。眼前には、法的な壁があり、その克服など、先行きが見通せないほど、困難なことばかりでした。しかしながら、振り返ってみると、日々の実践の積み重ねが、歴史の扉を開くとの信念をもつことができた経験でした。本稿では、その始まりから現在までを、法的な側面のステップを振り返り、その意義を考えます。

1. 第1ステップ
～東京都における医療的ケアの始まり

　昭和63（1988）年8月に、東京都教育委員会は、肢体不自由養護学校（当時）校長会から医療的ケアに関する見解を求められて、「医療行為であり、原則として訪問学級」とするという方針を出しました。「訪問学級」への措置については、その後、様々な論議がありました。この指針が公的な始まりとなり、その後、委員会の設置や施策を推進しています。私は、当時東京都教育委員会にいて、役所の方々とこの課題に携わりました。前例がない事例のため、難渋しましたが、保護者や前向きに取り組む先生たちに、背中を押され、共に歴史を切り開いたという実感をもっています。

　この頃論議されていた医療的ケアの考え方について、村山養護学校（当時）の今里勉校長が、「医療体制整備事業モデル校の報告書」に次のように書いています。

> 　学校で行っている「医療行為」の内容については、様々意見や論議があるのが現状である。学校行っているのは、家庭で行っている内容・範囲であるから、「生活行為」であるとの意見もある。また、全国の養護学校の中には、「医療的ケア」或いは「医療類似行為」という言い方をしているところもある。このような現状から、本報告書では東京都の本事業に係る実施要項を踏まえ、「医療行為等」と表記することを原則とした。

　私自身は、この時期から、医療的ケアについて、次のように考えていました。参考までにご覧ください。

医療的ケアの原点　学校における医療的ケアとは
　①児童生徒の教育活動の目的達成のために行う。
　②児童生徒の学習（学び）と発達（育ち）への支援である。
　③児童生徒の健康・安全の保持・増進のために行う。

④児童生徒の可能性を引き出す生理的・心理的基盤をつくるために行う。ボディイメージの形成を目指す。
⑤授業に集中し、意欲的に取り組めるようにするために行う。
⑥児童生徒のコミュニケーション力を育てる応答的環境づくりを目指して行う。
⑦安心・安全で信頼感のある学校生活と環境づくりを重視する。
⑧たんの吸引や経管栄養は、呼吸障害や摂食嚥下障害の一環として、トータルなアプローチで取り組む。
（自立活動とのつながり）
⑨個別の指導計画を作成し、目標と内容を明確にして行う。
⑩教員・看護師・養護教諭の連携のもとに行う。

2. 第2ステップ
～さながら一筆一筆、花を描くように、歴史的展開をしています

　平成16（2004）年1月22日に厚生労働省医政局長名で、「教員によるたんの吸引等を盲・聾・養護学校全体に許容することは、下記の条件の下では、やむを得ないものと考える。」との通知[*1]が出されました。『「許容する」とは、医療行為であるけれども、「違法性の阻却」ができるということ、そして、「違法ではない」ということ』と研究会[*2]で説明されました。

　実践研究の成果として、報告書では、「聾・養護学校では、手厚い教員配置を行い、教員と児童生徒との深い信頼関係の下できめ細かな教育が提供されている。　このような、盲・聾・養護学校の実情や、看護師配置等の医療安全上の有効性、教員が一定の範囲のたんの吸引等を行うことにより、教育上も肯定的な効果が上がっているというモデル事業の成

[*1]「盲・聾・養護学校におけるたんの吸引等の取扱いについて」（平成16年1月22日）
[*2]「在宅及び養護学校における日常的な医療の医学的・法律学的整理に関する研究会」（平成16年5月31日）

果を踏まえると、たんの吸引等の実施に際し、看護師を中心としながら、看護師と教員が連携・協力して実施するモデル事業の方式自体の現実的な有効性は否定されるべきではない」と、記述しています。

この時期、東京都立小平養護学校（当時）では、実践報告の中で、「学校で医療的ケアを行う上での教育的な意義として次の4項目をあげています。

①ケアを行うまでのからだの取組みを含めて、児童・生徒の体に対する理解が深まり、更に健康への、取組が広がった
②児童・生徒の体の負担が減り、実施者との間に信頼関係が生まれ、コミュニケーションの幅が広がった。
③授業の中断や欠席が減り、登校や学習の保障ができるようになった。
④児童・生徒にとって、母子分離に向けてのステップとなった。

これらのことにより、15年余にわたる法的なことに関する懸案事項が、一定の段階を迎えるターニングポインの時となりました。各県では、この後、看護師の導入が始まりました。上記の「教育上も肯定的な効果が上がっている」との評価に接したとき、星野富弘さんの言葉が浮かび、当時、成就の喜びを星野さんの言葉になぞらえました。

　　数個ある花を一日に一つずつ、ゆっくりていねいに、のみで刻み込むように描いていきました。バックは、細いサインペンで、一本ずつ布を織るように、うずめていきました。バックをうめる線の中から、花が一つずつ浮き上がってくるのは、絵というより希望でした。とおく、かすかに見えていた光が、花のかたちになって、私の目の前に広がろうとしているのです。
　　　　　　　　　　　　　　　（星野富弘『かぎりなくやさしい花々』）

3. 第3ステップ
～認定特定行為業務従事者の誕生

　医療的ケアについて、全国の状況をみると、教員の医療的ケアの実施可の場合と実施不可の場合とがあります。例えば、東京都の場合は、医療的ケアの児童生徒数が多いこともあり、当初から教員が実施していました。特別支援学校において法的な整備で残る課題は、教員による医療的ケアの実施についてでした。

　このことは、学校以外の場においても切実な課題でした。そこで、厚生労働省では、老健局が「介護職員等によるたんの吸引等の実施のための制度の在り方に関する検討会」（平成22（2010）年7月5日）を開催しました。その概略を示します。

　　【検討会設置の趣旨】
　　　これまで、当面のやむを得ず必要な措置（実質的違法性阻却）として、在宅・特別養護老人ホーム・特別支援学校において、介護職員等がたんの吸引・経管栄養のうちの一定の行為を実施することを運用によって認めてきた。しかしながら、こうした運用による対応については、そもそも法律において位置づけるべきではないか、グループホーム・有料老人ホームや障害者施設等においては対応できていないのではないか、在宅でもホームヘルパーの業務として位置づけるべきではないか等の課題が指摘されている。こうしたことから、たんの吸引等が必要な者に対して、必要なケアをより安全に提供するため、介護職員等によるたんの吸引等の実施のための法制度の在り方等について、検討を行う。

　本検討会を傍聴しましたが、圧巻だったのは、その構成員です。「重症心身障害児守る会、日本ALS協会、日本ヘルパー協会、全国ホームヘルパー協議会、日本介護福祉士会、全国身体障害者施設協議会、全国老人福祉施設協議会、日本医師会、日本看護協会、特別支援学校長会」等々、すべての関係団体が参集し、協議し、下記のように、法的な位置

づけを明確にしました。

　　「社会福祉士及び介護福祉士法」の一部改正　平成23年6月（2011年）
　附則（認定特定行為業務従事者に係る特例）
　　第48条の2　介護福祉士は、保健師助産師看護師法第３１項及び第３２条の規定にかかわらず、診療の補助として喀痰吸引等を行うことを業とすることができる。
　附則（認定特定行為業務従事者に係る特例）
　　第3条　介護の業務に従事する者（介護福祉士を除く　次条第二項において同じ。）のうち、同条第一項の認定特定行為業務従事者認定証の交付を受けている者（以下「認定特定行為業務従事者」という。）は、当分の間、保健師助産師看護師法第三十一条第一項及び第三十二条の規定にかかわらず、診療の補助として、医師の指示の下に、特定行為（略）を行うことを業とすることができる。

　このことにより、教員も特定の者対象の「第三号研修」を受けて、「認定特定行為業務従業者」として、医療的ケアを実施するようになりました。文部科学省の調査によれば、特別支援学校では、令和4年度、医療的ケア児童生徒数8,361名、医療的ケア看護職員2,913名、認定特定行為業務従業者4,256名となっています。

4．第4ステップ
～児童生徒への対応から医療的ケア児への対応へ
（1）「学校における医療的ケアの実施に関する検討会議」と最終まとめ
　近年、幼・小・中・高に在籍している児童生徒が、徐々に増加してきています。
　特別支援学校に関しては、平成29 (2017) 年10月に「学校における医療的ケアの実施に関する検討会議」を発足し、平成31 (2019) 年2月に「最終まとめ」を出しています。検討内容は、次のとおりです。

①医療的ケア児の「教育の場」
②学校における医療的ケアに関する基本的な考え方
③教育委員会における管理体制の在り方
④学校における実施体制の在り方
⑤認定特定行為業務従事者が喀痰吸引等の特定行為を実施する上での留意事項
⑥特定行為以外の医療的ケアを実施する場合の留意事項
⑦医療的ケアの児に対する生活行為の「医行為」該当性の判断
⑧研修機会の提供
⑨校外における医療的ケア
⑩災害時の対応について

　最終まとめを受けて、医療的ケアの基本的な考え方や医療的ケアを実施する場合の留意点について整理し、平成31（2021）年3月「学校における医療的ケアの今後の対応」（通知）（30文科初第1769号）を通知しています。

（2）「医療的ケア児及びその家族に対する支援に関する法律の公布（令和三年法律第八十一号）について　令和3（2021）年6月

　本法律の公布は、関係者にとっては、朗報となりました。その目的に、医療的ケア児支援センターの設置が明記され、医療的ケア児等コーディネーターが配置され、その働きによって、医療的ケアの裾野が広がっています。

　　（目的）
　　第一条　この法律は、医療技術の進歩に伴い医療的ケア児が増加するとともにその実態が多様化し、医療的ケア児及びその家族が個々の医療的ケア児の心身の状況等に応じた適切な支援を受けられるようにすることが重要な課題となっていることに鑑み、医療的ケア児及びその家族に対する支援

に関し、基本理念を定め、国、地方公共団体等の責務を明らかにするとともに、保育及び教育の拡充に係る施策その他必要な施策並びに医療的ケア児支援センターの指定等について定めることにより、医療的ケア児の健やかな成長を図るとともに、その家族の離職の防止に資し、もって安心して子どもを生み、育てることができる社会の実現に寄与することを目的とする。

更に、医療的ケア児支援センターについて、次のような事務連絡を発出しています。

事務連絡 令和3年8月31日
各都道府県 障害児支援主管部（局）御中
　　　　　　　　　　　厚生労働省社会・援護局障害保健福祉部障害福祉課
　法では、支援センター業務等を規定することにより、医療的ケア児を社会全体 で支え、医療的ケア児等がその居住する地域にかかわらず、等しく適切な支援が 受けられるようにしていく方向性を立法府として示したものとされています。 このような法第14条が規定された趣旨等を踏まえ、管内市町村において実施されている医療的ケア児への支援について把握しつつ、支援センター業務の実施や、管内の医療的ケア児等に対する支援体制の整備について、検討をお願いします。

ゼロ歳から就学の時期まで、これまで以上の発達支援が可能となりました。一つ一つ解決され、ステップアップしていけるよう、切に願っています。

（3）学校看護師が、医療的ケア看護職員へ

特別支援学校の看護師は、病院の看護師とは、異なる環境で職務の遂行をするため、戸惑いがあったり、病院と同様な仕組みを導入したりするため、トラブルになることもあります。そこで、特別支援学校の看護師像を次のようにまとめてみました。

> **看護師との協働のために　特別支援学校の看護師像**
> 1. 医師が、常駐していない状況で医療的ケアを実施すること
>   → 医療に関する専門的知識・技能に基づく判断が期待されている。
> 2. 教師に対する指導・助言を行うこと。
>   → 教員に分かりやすく説明できる知識・技能
>   → 医療的根拠に基づいた教師への指導や相談援助
> 3. 医療的ケアは、子どもの学びと発達への支援である。
> 4. 「学校の生命線は、授業である」ということを尊重すること
>   → 授業の流れに合わせて、医療的ケアがスムーズに実施されること。
> 5. 学校は、教育の場・生活の場ということ
>   → 治療の成果を上げるという一方向の目的で患者と関わる医療現場に対して、子どもの発達に対して子どもや保護者と共感的理解をしながら支援していくのが学校

　更に、かねがね特別支援学校の看護師の職務や身分について、明示してほしいという要望がありました。このことについて、令和3（2021）年8月、「学校教育法施行規則の一部を改正する省令の施行について（通知）」に、医療的ケア看護職員として位置付けています。

5．第5ステップ～残された課題への対応

　医療的ケアの実施者は、主に母親です。その母親の精神的・身体的・物理的負担が大きいことは、当初から保護者からの訴えがありました。そのため、その負担軽減は、残された大きな課題です。文部科学省では、付添いの実態調査をして、次のような見解を示しました。

【学校生活における付添いに関して】
　〇看護師の配置により、保護者の負担軽減に可能な限り努めること。
　　（本人の自立を促す観点からも、真に必要と考えられる場合に限るよう努めるべき）
　〇人工呼吸器の管理について、一律に保護者による対応とし、看護師が対応しないとするのではなく、その安全性を考慮しながら、個別に対応の可能性を検討すること。

【登下校に関する付添いに関して】

> 付添いに関する実態調査を踏まえた都道府県教育委員会等への周知
>
> 【登下校における付添いに関して】
> ○ スクールバスについて、一律に保護者による送迎とするのではなく、乗車中における医療的ケアの要否など、安全に通学できるか否かについて主治医等の意見を踏まえながら、個別に対応可能性を検討し、判断すること。
>
> ○ 以下の点を考慮しながら、保護者の負担の軽減を図ること。
> ・ 就学奨励費による交通費負担の軽減に関して、安全性等の観点からスクールバスや公共交通機関が利用できない場合など、校長等が適当と判断した場合は、タクシーや介護タクシーの利用料を対象とできること。
> ・ 都道府県や市町村の福祉部局等と連携し、障害福祉サービスを利用するなど、地域特性を考慮して、柔軟に対応できる体制を整備すること。

付添い以外の課題に関しても、きめ細かい検討と協議を行い、質的な充実を図っています。

6. おわりに
～歴史の流れは、新たな喜びを生み出しています

終わるにあたって、医療的ケアを要する子どもを抱えた保護者の願い「いつまで、待機すれば・・・」（平成12（2000）年）を、紹介します。最初のお母さん同様、この時のお母さんの哀しみが、やっと20年有余を経て、実現した例を後半に掲載しました。その実現が、早いのか遅いのかの判断は別として、時を経て実現するということに着目したいと思っています。

【お母さんの手記】

　学校では先生の話しかけに声を出して答えるなど、驚くほどの変化を見せ、生き生きと充実した毎日を送ることができるようになりました。学校へ行きたいと意欲的になり、娘の大きな自信になっています。しかし、学校では医療的ケアは、まだ、親が行うことになっています。親の都合の悪

い時は子どもを欠席させるしかありません。私が疲労や病気などで横になっている時、娘の元気な顔を見て、「学校に行けなくてごめんね。」と、心の中で何度も謝ります。学校へ行きたいと願う娘の気持ちに応えられないのがとても情けなく、悔しいです。

　この時期から、20数年たって、付添いがはずれる状況が整いつつあります。次の感想を、心をこめて読んで下さい。懸案の課題も、時の積み重ねによって、」少しずつ動いていくことを歴史的経過から、学びたいと思っています。

「医ケア専用車両による登校が開始して」

■ 令和4年度9月に医ケア専用車両の運行がスタートしてからの生徒の情緒面での成長が著しく、保護者と物理的に離れ学校に登下校することが、こんなにも心の成長を促すものかと驚きの毎日でした。初めての一人通学に涙した生徒、その理由は本人しか分からないと思いますが、大きく気持ちが揺さぶられたのではと、共感しました。日記に医ケア専用車両に乗ることで友達と同じ車窓を眺め、同じ時間に学校にいる喜びを書いた生徒。これまで日記といえば大好きな食べ物の話が多かったのですが、話題が授業のことや友達のことに広がっています。視野の広がりだけではなく、「母がいない」不安感とそれを乗り越えて「一人で」学校へ行く、そこからくる自信も大きいのです。乗車に当たっては、自分から友達に「何時に起きるのか」「バスの中では、何をして過ごすのか」など相談し、情報収集しています。そういったやりとりをすること自体、これまでになかった行動です。　　　　　　　　　　　小平特別支援学校教諭

教育的効果の共有を！　東京都立光明学園

◆人工呼吸器の児童・生徒は保護者が校内に待機し、看護師が同室の中で授業を受けている中で、校内に保護者がいることを生徒自身が快く思わず、"自立したい"と意思表示をしていた。保護者が学校にいない状況で授業を受けた日の生徒からは「授業に集中することができた」「また付き添いに戻るのは嫌だ」という意見も出された。保護者と離れて医療的ケアを受けることは、保護者の負担軽減だけでなく、本人にとっても自立の一歩につながると考える。生徒自身にも保護者と離れてケアを受ける心の準備が不可欠である。保護者以外の者にケアを依頼していない家庭の場合、不安を解消し、自立への気持ちが育まれることが学校で医療的ケアを行う意義である。様々な看護師からケアを受けることは、自分の体調を伝えたり、吸引のタイミング等を相手に伝えたりする必然性が生じる。このことは、社会性を育成することにつながる。教育的効果をより大きくするため、自立に向けた指導が不可欠である。　　（中略有り）

第5章 秋津療育園での体験

1. はじめに

　私が秋津療育園の理事長を拝命したのは、平成29年6月（2017年6月）です。突然のお願いでしたが、躊躇なくお引き受けしました。それは、多摩養護学校（当時）の校長のご縁で、島田療育センターの理事・評議員を務めていたこと、また、個人的には、私の妹が、重度の脳性まひで、茨城県の障害者施設に入所をお願いし、ていねいなケアを受け、きょうだいの立場として、感謝の念を持っていたことにも拠ります。

　学校時代には、「医療・福祉・教育」の連携は、目指す指標でした。福祉は、学校卒業後の進路先をイメージしていましたが、秋津療育園の実情を知る中で、70歳位まで生きる人生のライフステージを考えた「教育の在り方」を意義づける必要があると思っています。

　秋津療育園は、それまで、ほとんどご縁がありませんでしたが、評価されるべき良さがたくさんあり、それらを多くの方々に周知することが理事長の役割と考えていました。本稿では、学校との連携を念頭に、入所施設の秋津療育園を秋津ブランドとして紹介します。

2. 秋津療育園の成り立ちと取り組み
《その人らしく、生きた証しを証明したい！》

　先日お別れをした方がいます。3歳から60歳までの50有余年の長期の入所者です。枕もとで流れている美空ひばりの歌を聞きながら、この方の人生の履歴はどうなっているのか、生きた証しはどこにあるのか、

と問いつつ、楽しい思い出をたくさん抱いて旅立ったとの思いも溢れてきました。今、入所施設では、ACP（アドバンス・ケア・プランニング）に取り組んでいます。「看取りの際の医療をどうするか」が中心課題ですが、裏を返せば、ACPは人生の最終段階に、本人の意思を尊重し。尊厳ある人生が送れるようにすることを、問うているのです。「園での生活は、その人らしく輝く、笑顔・笑顔・笑顔で、ウエルビーイングな毎日でありますように！」と祈っています。

（1）秋津療育園の始まりは

　秋津療育園 は、1958（昭和33）年、創設者の草野熊吉が、児童福祉法、医療法、教育基本法など法的・予算的裏付けがなく、「福祉の谷間」に置かれた重複障害児のために「楽園の建設」を願いました。障害児を保護することにより、家庭の不幸を未然に防ぎ、「家庭救済」を願い、障害児が家庭の延長として一生を過ごせる場所とし、現在の地に定員21名から開設しました。下記の写真は、当時の秋津療育園です。

　当時の様子について、講演などから、如何に大変であったか、次のことから分かります。

○「当時重症児の問題は、世間の話題にさえもなく、親はひた隠しに隠して、文字通り陽の目を見ず、哀れとも気の毒とも言いようのないこの子等の現実の姿を多くの人々の目に映して、叫びを聞いて貰いながら続けて参りました。今日、重症児問題が政府も国民もこぞって取り上げられ始めた端緒の一役を買ったことも確かであると思っております。

(厚生省内職員研修会昭和48年10月)

○「重症児も同じ子どもではないか、他の児童と同等の処遇は受けられるよう児童福祉施設として認可してほしい」と関係官庁に陳情してまわった。(中略)ある夜、陳情に歩き回った帰途、飲み屋で糸賀先生が、「君、この靴を屑屋に持っていったら、いくらで売れるだろう」というのである。「そんなボロ靴、買い手は無い」と言ったが、「これを売らないと返りの汽車賃が足りない」と言う。(中略)ほんとにもう一生懸命、子ども達を救うため、制度をつくりたい一心であった

(現任研修講演　昭和61年5月)

「開拓は、茨の道であった」という創始者の言葉を、私は困難なことに出会った時に、心の拠り所としています。

3．秋津ブランド

　秋津療育園の歴史は、60数年です。その間に築かれた諸活動は、療育として意義ある活動となっています。その活動は「療育」そのものです。その内容を紹介します。

●秋津ブランド①
　我が家に家族とともにいるような環境で、穏やかで安心感のある暮らし
《私たちが大切にしてきたこと》
　　▶約30年前、ここ（秋津療育園）は園生さんにとって家と同じ、自分達職員はご家族に代わって生活をお手伝いする存在と、先輩職員からよく指

導を受けました。そして職員は、園生さんのお兄さん、お姉さんのような存在なのだとも言われていました。
▶ご家族の面会時、帰る間際にその園生さんに向かってお父様が、「また来るからね、お兄さん・お姉さんの言う事をよく聞いてお利口にしているんだよ」と言って頭を撫でてから帰られる姿を今も思い出します。
▶その頃の秋津療育園職員はご家族と同じような気持ちで園生さんと向かい合っていたように思います。

● 秋津ブランド②
　豊かで多様性のある日中活動　日中活動は、音・香り・光のハーモニー
Ⅰ　活動内容からみた分類
　　1　季節行事　（1月〜12月）
　　2　諸感覚への働きかけ
　　　サウンド・ヒーリング（S.H）音と光と香りのミュージック・スペース・ケア　セラピールーム　スヌーズレン　アロマ　エステ
　　3　音楽活動　　　　歌唱、楽器、トーンチャイム演奏
　　4　スポーツ活動　　ボッチャ、大型遊具（トランポリン等）
　　5　造形活動　　　　絵画、ちぎり絵、粘土、ポプリづくり
　　6　創作・文化活動　俳句、読み聞かせ、
　　7　園芸
　　8　ICTの活用　　　パソコン、iPad、教科等の学習
Ⅱ　食育
　　調理教室（デザートバイキング、昼食バイキング）
Ⅲ　ライフステージに応じた取り組み〜生涯学習の視点の導入へ
　　＊たんぽぽクラブ（発達支援：学童期）
　　＊欅大学（カレッジ活動：青年期）

　上記の活動が成立するためには、日常的に支援員の活動とともに看護師の医療・看護の基盤が磐石にあることです。

日中活動の際にも、活動の始まりと終わりに、バイタルサインのチェックをして、評価します。記録を継続しています。福祉との連携として、今後教材の交換や研修も共に気軽に行えるようになればと思っています。

 入所施設は、24 時間の生活を預かっています。このことの重さも一考の余地があります。

 次はあきつ新聞等に書いた文を参照してください。

4.「あきつ新聞」から

> 　秋津療育園の理事長として、日々の療育や職員の活動を記してきた「あきつ新聞」の中から 13 編を選び、まとめたものです。ここには、現場での気づきや課題への取り組み、未来への展望が詰まっています。

 皆さま、はじめまして、この度、理事長を拝命いたしました飯野順子と申します。よろしくお願いいたします。
 昭和 34 年、創設者の草野熊吉先生は、障害のあるお子さんを抱える家庭の困難な状況を知り、「この子どもたちが、安心して生活ができる施設をつくろうと思った」と開園の目的を語っておられます。重症児を守る法律もなく、どのような施設を創れば良いのかも分からず、ただ、子どもたちの幸せを願う気持ちから、始めた事業だったそうです。　また、約 10 年後の昭和 48 年、厚生労働省の職員研修会で、「開拓は、茨の道だった」と語っておられます。この短い言葉は、歴史の重みとして、私たちの胸に響きます。そして、その言葉に込められた思いや願いを、私たちは、今、受け止めつつ、これからの新たな秋津療育園の歴史を、関係する方々と力を合わせて、創っていく責務を感じています。私は、長い間、障害のある子どもたちの教育に携わってきました。現在は、NPO 法人地域ケアさぽーと研究所の理事長として、18 歳以上の障害の重い方々の、生涯

にわたって学び続けたいという願いに即して、学ぶ喜びのある機会と場を提供する「訪問カレッジ」を行っています。それを通して分かったことは「障害が重くても何歳になっても、緩やかではあるが、成長・発達をし続けている」ということです。草野先生は、「生命を尊重することを中心の柱として、自分で食事をできるようにすること、自分の意思を他の人に伝えられるようにすること、この三つの願いをもって、この仕事を始めました」と言っておられます。先日、園内を白井園長に案内していただきました園生は、笑顔、優しい目、言葉にならない声などで自分の意思を伝えてくれました。草創期の園長先生の願いが、着実に受け継がれ、一人一人の緩やかな発達を促す環境の中で、心豊かに生活していると思いました。このことは、すべて、安心・安全で安寧な看護の提供、健康で穏やかな生活への支援など行き届いた配慮と支援のもとでの、日常生活の積み重ねに拠るものと思いました。

　更に、ここにお集まりの後援会やボランティアの皆さまを始め、秋津療育園に関わる多くの方々の温かいご支援の賜物と、改めて感謝申し上げます。

　これからも時代の要請に応える事業を展開しながら社会に貢献できる秋津療育園として、成長して参りますので、引き続き、皆さまのご支援をお願い申し上げ、ご挨拶といたします。

（平成 29 年 10 月）

「創立記念式典に寄せて」

　創立記念式は、創立者の足跡やことばに触れて、原点回帰する時です。「あの子供たちに楽園をつくろう！」が受け継ぐべきことばです。

　当時、「建物や土地を探すこと、保護を受けるために該当する法律があるのか、差し当たり資金の手当てをどうするのか、考えなければならないこと、調査しなければならいないことは山ほどあった」中で、施設

づくりに一念発起した創始者草野熊吉理事長の開拓精神とその勇姿に、励まされます。

　記念式では、「春はあけぼの」の絵本を映像化し、群読で日本語の美しさやリズムに触れる機会を、園生へのプレゼントにしました。その試みは、日常の生活空間から切り離された「時」と「空間」の中で、「静けさ」を味わい、「聴くこと」によって、胸に響く言葉の美しさとリズムを味わってほしいと思ったからです。それは、次の詩の真髄がヒントです。（中略箇所があります）

　　　ある日、早春の、雨のむこうに、真っ白に咲きこぼれる。コブシの花々
　　　を目にした。そして、早春の、雨のむこうに、真っ白に咲きこぼれる、
　　　コブシの花々の声を聴いた。
　　　見ることは、聴くことである。
　　何もないは浜辺で、何もしない時間を手に、波の光が運ぶ海の声を聴く。
　　　眺めることは、聴くことである。
　　　聴く、という一つの動詞が、もしかしたら、人の人生のすべてなのでは
　　　ないのだろうか？
　　　読むことは、本にのこされた　沈黙を聴くことである。無闇なことばは、
　　　人を幸福にしない。

　　　　　　　　　　　　　　　　　　　　　　長田弘「世界はうつくしいと」

　ほとんどの園生は、「聴くこと」は得意なのです。いつも「聴いている」のです。

　当日は、途中で映像が切れるなどのハプニングがありましたが、日本文化の一端に触れ、その雰囲気に浸ることが、「楽園」となるようにとの願いを込めています。

　春3月になると、秋津療育園の庭にも、コブシの花々が咲きこぼれます。

　　　　　　　　　　　　　　　　　　　　　　　　　　　（令和元年10月）

「秋津の未来に、曙光を！」

　春はあけぼの、夏は夜、秋は夕暮れ、冬はつとめて（枕草子）
　新たな季節が巡りくる時となりました。新年明けまして、おめでとうございます。
　夜明けのあけぼのの時に、ほのぼのと明るくなりゆく曙光は、希望の光です。秋津の地にふり注ぐ曙光が、さらに明るい光となるよう、この1年務めたいと祈念しています。
　秋津療育園には、在園　年以上を数える高齢の方がいます。その方々の「履歴は、どのように記されているの？」「生きた証は、どこにあるの？」と問いたい気持ちになります。その答えは、次のような活動の個別のエピソードに見出せると思っています。

心身を解き放つアロママッサージ

　アロママッサージでの、ふくよかな香りとソフト・タッチの優しい手の動き。マッサージは、言葉にならない言葉で、ていねいに、ゆっくりと、思いや願いを伝え合い、響き合っているようでした。そして、この上なく豊かで、至福の時を過ごしていると思いました。その心地よさと手のぬくもりは、ひとり一人の心に刻み込まれています。これは、履歴の一瞬です。

人生を豊かにする「欅大学」

　「欅大学」は、19〜29歳までの青年期の利用者のニーズに応え、「学びたい、体験したい」という若いエネルギーを発揮させるとともに、その後の壮年期に備え、社会性を身につけることを目指して、開始しました。大学名の「欅大学」は、それまでの栄養（＝学び）を自分のものとし、欅のように大きく成長することを願って名付けています。私は、「欅大学」の活動について、次のように評価し、今後の日中活動の指針としたいと

思っています。

 （1）「学ぶ喜びは人間にとって、根源的なもの（齋藤孝）」との価値観が、その基底にある。
 （2）カリキュラムを設定し、plan（計画を練る）→ Do（実践する・学ぶ喜び・学びの蓄積）→ Check（評価する）→ Action（改善する・変容）のPDCAサイクルがある。
 （3）集団生活の中で、①聞き取り・聞き分ける力　②気づき・受け止める力、③伝える力・伝わる喜び　④想像（イメージ）する力　⑤自分の願いや思いを持つ意欲等の生きる力をつける機会としている。
 （4）ゆったりとした時間軸の中で、個別性を尊重した本人のペースで展開している。
 （5）関係する職員が生き生きして、持てる力を発揮している。（アイディア豊かな創作教材、企画力、観察力、協働する力）

「欅大学」では、入学式を設定し、学生証を授与するなど、緊張感のある場面を展開しています。わずかに月1回の活動ですが、日々の節目の時として、学びの履歴を形成しています。
　どの日中活動にも、キラッと利用者の方々の個性が光る時があります。日中活動の記録には、その履歴が記憶されていることと思います。

（令和2年1月）

「新年を迎えるにあたって」

　お正月を迎えるために、大掃除をして、お節料理をつくって、お飾りを用意してなど、せわしなく立ち働いていたことを思い出します。今でも楽しみなことは、カレンダーの付け替えです。1年間お世話になるので、どこにどんなカレンダーをと、楽しみつつ掛けてゆきます。昨年は私個人のカレンダーの予定を、中止又は延期によるキャンセルで、95％程度消しました。

そこで、気づいたのは、カレンダーに予定が書いてあることの意味と重要性です。予定とは、それに向かって歩み始め、自分で時間を管理し、時の節目をつくるツールです。おおげさに言えば、カレンダーは、私の生きた証明のようなものと思うようになりました。年数を経れば、それは、人生の履歴（書）となります。

　秋津療育園に入所している方の平均年齢は、50歳（最年少10歳〜最年長75歳）です。最長在園年数は64年と聞きますと、時代をくぐり抜けてきた方々の生きた証し・人生の履歴について考えさせられ、生涯学習の視点で、分析したい課題です。

　カレンダーに活動などの予定があると、活動をイメージし、期待感や希望を持って、体調を整え、その日に向かう姿勢を培います。その一連の精神活動は、生命を強め、生命の輝きをもたらします。例えば、カレンダーに「しるし」をつけ、それを示しながら、「水曜日には、〇〇があるよ」と伝えるコミュニケーションは、ありふれた日常の一端のように見えて、意義ある言葉かけです。

　それは日常生活に節目をつくる日めくりのような「こよみ」になります。

　新年に当たって、秋津療育園の新しいカレンダーには、「SLP※センターアーク」の開設と、書き込んでいます。本事業は、①「児童発達支援センター　マイム」、②エメット保育園（現こひつじ園）、③アークこども相談センター、④アークこどもクリニックの4機能の構成です。本事業の詳細につきましては、ホームページをご覧ください。

　本事業の開始によって、地域社会への貢献を広く・深く果たせるよう尽力いたします。

　また、園生の生活の充実と支えて下さる職員の方々の「幸い」を祈念いたします。

※ SLP：Sustainanble Life Project

（令和3年1月）

「新しい年に、『新しい歌』を、高らかに歌いつつ、進もう！」

　令和３年度、社会福祉法人天童会は、「SLPセンターアーク」の開所によって、地域社会への包括的な支援を担う法人となりました。在宅生活を支援する拠点となることをも目指す節目の時です。

　本誌「あきつ」の第一号（昭和41年）の発刊の言葉として、創始者草野熊吉は、「思えば苦しい、けわしい幾歳月でした。余りにも薄幸な重症心身障害児に、少しでも陽の光を与えたいものと、念願して８年。漸く政府もこれに着眼してくれたので、ホッとした思いです。

　しかし、手放しで喜ぶには未だ早い感じです。一段と努力せねばならぬ数々の課題が残されております。」と書いています。

　道なき道を踏み分け、幾多の困難を乗り越えて、新たな道を創り、信念を貫き通したその精神的なバックボーンを、今こそ生かす時と思っています。

　現在は、昭和33年の創設当時と状況は全く違いますが、これまでに出会ったことの無いような先行き不透明な状況、そして、出口が見いだせない閉塞状況の中で、進むことを余儀なくされています。残された数々の課題は何かについては、新たな追求が必要です。その際必要なのは、先見性とフロンティア精神です。

　今年度も、時は流れてゆきます。その流れの中で、「きわまりなき希望に励まされて。日に日に新しき歌を歌いつつ進んでゆこう。沈滞を知らないところに、静かに絶え間なく、まだ見ぬ新生面が展開されていく」（羽仁もと子）という言葉に励まされて、燦燦とした「陽の光」を園生にそして地域社会にもたらすために、日に日に新しき歌を歌いつつ、大きな深呼吸をして、歩み続けて行きましょう。

（令和３年４月）

「再生そして復活へ」

　あけましておめでとうございます。
　「今日は、何人？」とコロナ感染者数を確認する毎日となり、その人数に一喜一憂しました。
　今、新たな感染源の脅威が報道されていますが、平穏な日々の再来を」祈るばかりです。
　中庭のバラは、秋にも花を咲かせ、穏やかな日差しの中で、散歩ができました。バラは、療育サービス課の方が、ドライフラワーにして、夢と希望のある花束に変身させました。花びらも集めて、ポプリにしました。園生さんが好きな香りのアロマオイルを選び、花びらを袋に詰め、匂い袋「サシェ」を作りました。その時の笑顔の写真を見せてもらいました。こんな時を待っていました。それは、バラの花の再生の時です。そして、コロナで閉ざされた時と空間の復活を予感しました。
　ご近所の方も、バラの咲く日を楽しみにしているそうです。春に桜が咲き、バラも咲いて、花の下でコンサートを開き、交流できる日こそ、復活の日です。その時に、園生さん作成のバラの花束や匂い袋を、園生さん自身が売ることが出来たらと思っています。　新しい年に新しい活動ができますように！

「秋津ブランドとは」

　令和5年度は、秋津療育園65周年の節目の年です。秋津療育園には、歴史が紡いできた数々のブランドあります。例えば、生命と健康を守る看護と介護、園生の人生を豊かにする日中活動、栄養満点で生命を育む食事、手づくりの温もりが伝わる衣服の縫製等々です。今年度、第1に取り組みたいことは、これらのブランドに、更に磨きをかけ、輝かせて、ブランド品として、品目を表示できるようにすることです。そして、3年間の閉じられたコロナの時を越えて、内部はもとより、外部に向けても発出してゆきたいと考えています。天童会は。近年、地域支援

事業に着手し、事業を包括的に展開するようになりました。職種も課題も多様になり、課題解決能力が求められています。そこで、第2に取り組みたいことは、組織力・チーム力の向上です。皆さんは「心理的安全性」(Psychological Safety)」という概念をご存知ですか。私はこのことを最近学びました。「＊複雑で不確実な世界で成功するために必要なもの」「＊心理的に安全な職場を構想するために欠かせないもの」は、「心理的安定性」なのだそうです。＊「心理的安安定性」のあるチーム・組織に共通した特徴は、「話しやすさ」「助けあい」「挑戦」「新奇歓迎（目新しく珍しいアイディアや意見を歓迎すすること）」の4因子だそうです。更に具体的に言えば、「＊率直さを特徴とする職場は、創造性、学習、イノベーションに対し、計り知れない恩恵をもたらすことができる」「＊『知らない』『分からない』と言うことにやぶさかでないリーダーは、従業者の心を驚くほど、強く惹きつける」「＊従業者を大切にする環境をつくると、エンゲージメント、問題解決、パフォーマンスに素晴らしい成果が現れる」とのことです。これらは一見容易にみえて、困難が伴うかもしれませんが、その閾値は手の届かない高さではないと思います。まだまだコロナへの対応は継続しますが、3年前の脅威を思い起こすと、乗り切れる手立ても経験則として得ているので、心理的安定性があります。今年は、中庭の満開の桜も、心なしか輝いて見えました。この桜が今年度の象徴になるようにと、手を合わせました。

【参考】「恐れのない組織」エイミー・C・エドモンドソン　英治出版
　　　　医事業務　No.640「心理的安全という理想郷」高崎祐樹

（令和4年1月）

「令和4年度は、あたりまえの日々を！」

　園生さんから、結びの言葉として、「長生きしてくださいね」と書いた誕生祝いの手紙をもらいました。そこには、「2018年9月12日、理事長と話をした日でした。お話をして楽しかったですね。覚えていますか」

とありました。心に残るひとときで、園生との交流をもっともっと増やしたい！と、気持ちが高まった対談でした。ところが、「コロナ」（敢えて、呼び捨て）です。「コロナ」にその願いは挫かれ、ほぼ２年以上、病棟に足を踏み入れることは、遠慮せざるを得ませんでした。

　新しい年度になりました。２年余という時の移ろいは、空白な日々ではなかった、のですが、病棟でコロナ発症に向き合った職員の方が、二度と経験したくないと振り返るほど厳しかった日々でした。職員の方々の働きは、命がけだったと聞いています。

　昨年度、社会福祉法人天童会は、地域社会への包括的な支援の基盤となるよう、重層構造化し、清新性をもって、船出をしました。SLPセンターの玄関には、「ノアの箱舟」が飾られ、そのシンボルとなっています。特に、在宅支援に取り組み、入所者も含めて、０歳児から７０歳位の年齢まで、ライフステージに応じてその人らしく、輝く人生を送れるように環境を整えています。

　４月１日の辞令伝達式で、新しく入職した方に向けて、「次の５つのことを心に刻んで、職務に励んでいただきたい」と、提言しました。

①この世に生を受けた、どんないのちも、かけがえがないこと
②どんなに重い障害があっても、だれとも、とりかえることができない個性的な自己実現をしていること。
③一人一人を共感的・肯定的・分析的に理解し、価値あるものとして受け入れる姿勢を持つこと
④各自得意分野と持ち味を生かした質の高いチーム力を発揮すること
⑤障害の重い人は、人を動かし、地域社会に新たな価値観をもたらという信念をもつこと。このことは、秋津療育園の歴史が証明しています。

　令和４年度は、あたりまえの時が積み重なる日々となるよう、祈り続けたいと、切に思っています。

（令和４年４月）

第5章

「令和5年度に当たって　華やぐ1年を、期待して！」

　今、「コロナ」は沈静化しつつあり、花々が次々と咲く様子をみると、今年こそ、華やぐ1年になってほしいと願うばかりです。令和5年度は、秋津療育園65周年の節目の年です。創立記念日の際に、いつも思うことは、創設者のフロンティア・スピリットです。道なき道を何とか切り開こうという信念と熱意です。この精神を継承し、発展させる責務を、職員が一体となって、果たす時が来ていると思っています。

　秋津療育園には、歴史が紡いできた数々のブランドあります。例えば、生命と健康を守る看護と介護、園生の人生を豊かにする日中活動、栄養満点で生命を育む食事、手をかけ、温もりが伝わる衣服の縫製等々です。今年度、第1に取り組みたいことは、これらのブランドに、更に磨きをかけ、輝かせて、ブランド品として、品目を表示できるようにすることです。3年間の閉じられたコロナの時を越えて、内部はもとより、外部に向けても発出してゆきたいと考えています。更に、地域支援事業に着手し、諸事業を包括的に取り組むようになりました。職種も課題も多様になり、課題解決能力が求められています。そこで、第2に取り組みたいことは、組織力・チーム力の向上です。

（令和5年4月）

「あなたの声が聞きたい」

　本園第2病棟の日中活動「音楽の取組み」に参加し、詩を読みました。「音・ピアノ」「光・映像」「言葉・詩」を組み込んだ五感に働きかける取組みです。音楽には、528ヘルツの音叉を演奏に仕込んでいるとのことです。528ヘルツの音楽は、心と身体を整え、リラックス効果があり、「愛の周波数」と言われているそうです。取組み後には、ぐっすり眠りこんだ園生が、お一人。他の方は、最初は身じろぎもしませんでしたが、だんだんと手や足に微かな動きがみられるようになりました。その動きを

どう評価するかは、今後の課題です。

　この528ヘルツの音楽を、ある生活介護事業所では、昼食後聞いているそうです。入眠効果とともに、午後の活動に向けた安寧のひとときの効果もあるようです。

　528ヘルツの音楽に心魅かれて、「ヘルツ」づいている時に、『52ヘルツのくじらたち』（町田そのこ、2021本屋大賞）を読みました。52ヘルツのくじらとは、他のくじらが聞き取れない高い周波数で鳴くため、たくさんの仲間には、声が届かない、届けられない、世界で一頭だけの、世界一孤独なくじらだそうです。本を読み進めながら、誰ともコミュニケーションがとれないとすると、どう生きていくのかと、その深淵を思いました。

　ヘルツ数が異なると、声が届かないことは、人間にはあり得ないことと思いますが、表出が困難な方たちが「声にならない声」で「言葉にならない言葉」で、伝えようとしている場面に出会うことがあります。そんな時、「あなたの声が聞きたい！」と叫びたくなります。内面の動きは、心拍数の変化で察知できるとも言われていますが、関わる人のイメージ力、感性・感度、柔軟性による気づきに頼りがちな現状です。

　先ほどの「音楽取組み」の評価に関しては、早稲田大学の巖渕守教授の「IoT（Internet of Things）を利用した重度・重複障害児の新たなコミュニケーション支援システムの開発」の研究に期待しています。

　次は、「最近Aさんは、あんなに話好きだったのに、話さなくなった」等々、他の入所施設からも、その変化に心配の声が上がっていることについてです。その一例として、本園第一病棟からの研究の一端を紹介します。

　「M氏は日中プレイルームで過ごしていたが、2020（令和2）年3月にコロナウィルス感染症予防策として居室中心の生活となった。静かな環境で大好きなDVDを集中して見ることができ、M氏にとって良い環

境の変化だと考えていた。しかし、約1年後、言語聴覚士より『M氏にとって発声するために必要な反り返る力が低下した』との評価があり、この穏やかな生活は、発声・食事・姿勢などM氏のQOL低下に繋がるリスクがあることに気づいた」とのことです。そのため、①挨拶活動、②セラピーマット上での腹臥位、③舌の動きを促す食事介助方法について、本人が意欲的に取組めるよう工夫し、スタッフ全員が統一した見解で支援し、その結果、声量が大きくなり、発声までの時間が短縮されたそうです。

広いプレイルームで大きな声で、スタッフを呼んでいた環境から、居室の狭い空間では、声を出して人を呼ぶ必要がないことによる影響もあるようです。Mさんは、活動を重ねた結果、自分の声が届くようになったことに、喜びを感じ、より一層意欲も高まったかもしれません。2年間のコロナウィルス感染症が、入所生に及ぼした影響は、思った以上に多様だったことに思いが及びました。

最後に440ヘルツのお話です。NHKラジオの時報「プッ・プッ・プッ・ピーン」の「プッ」の音程は440ヘルツ、「ピーン」は1オクターブ上の880ヘルツだそうです。この耳慣れた時報を思い起こすと、ヘルツも身近な感覚で捉えられませんか。

（令和4年7月）

「謹賀新年」

今年もよろしくお願いいたします。

昨年2022年に、「2030秋津プロジェクト」を立ち上げました。将来構想を立案し、その実現に向けて、先行き不透明な状況ではなく、関係者が共有できるようにその道筋を示したものです。

現在の施設は新築後30年以上経過し、居室スペースの狭さや感染症対策強化の必要性、ICT化の遅れへの対応等、利用者の生活環境、療育

の充実、医療の向上、労働環境を含め至急改善が求められているためのプロジェクト化です。

　そこで、推進するにあたって、高村光太郎の詩「道程」を思い出しました。

　　歩け、歩け　どんなものが出て来ても乗り越して歩け
　　この光り輝く風景の中に踏み込んでゆけ
　　僕の前に道はない
　　僕の後ろに道は出来る
　　ああ　父よ（中略）常に父の気魄を僕に充たせよ
　　この遠い道程のため

　私たちの後ろには、秋津療育園64年に踏み固めた歴史があります。それらを分析し、その真髄を寄り立つ礎とする必要があります。

　私たちの前に、道は未だ無い、と言えますが、夢・希望・光に満たされ、新しいことを創るというミッションは、高らかに聞こえてきます。プロジェクトの内容とその具現化は、園生・ご家族・職員一同が一体となって、それぞれの知恵と能力を出し合って、築きたいと思っています。

（令和5年元旦）

「華やぐ1年を〜」

　令和5年度は、秋津療育園65周年の節目の年です。秋津療育園には、歴史が紡いできた数々のブランドあります。例えば、生命と健康を守る看護と介護、園生の人生を豊かにする日中活動、栄養満点で生命を育む食事、手づくりの温もりが伝わる衣服の縫製等々です。　今年度、第1に取り組みたいことは、これらのブランドに、更に磨きをかけ、輝かせて、ブランド品として、品目を表示できるようにすることです。そして、3年間の閉じられたコロナの時を越えて、内部はもとより、外部に向けて

も発出してゆきたいと考えています

　天童会は、近年、地域支援事業に着手し、事業を包括的に展開するようになりました。職種も課題も多様になり、課題解決能力が求められています。そこで、第2に取り組みたいことは、組織力・チーム力の向上です。更に具体的に言えば、「＊率直さを特徴とする職場は、創造性、学習、イノベーションに対し、計り知れない恩恵をもたらすことができる」「＊『知らない』『分からない』と言うことにやぶさかでないリーダーは、従業者の心を驚くほど、強く惹きつける」「＊従業者を大切にする環境をつくると、エンゲージメント、問題解決、パフォーマンスに素晴らしい成果が現れる」とのことです。これらは一見容易にみえて、困難が伴うかもしれませんが、その閾値は手の届かない高さではないと思います。まだまだコロナへの対応は継続しますが、3年前の脅威を思い起こすと、乗り切れる手立ても経験則として得ているので、心理的安定性があります。今年は、中庭の満開の桜も、心なしか輝いて見えました。この桜が今年度の象徴になるようにと、手を合わせました。

（令和5年4月）

「ウエルビーイングを　新たな年に！」

　新年おめでとうございます。

　新たな年は、ウエルビーイングの実現を目指したいと思っています。

　ウエルビーイングとは、「個人の権利や自己実現が保障され、身体的、精神的、社会的に良好な状態にあること」（厚生労働省）と言われています。

　WHO憲章（1946年）に掲げられ、以来、福祉の世界では、根付いていると思われる理念ですが、「SDGs（Sustainable Development Goals）」の「目標3　すべての人に健康と福祉を（Good health and well-being）」に掲げられたこともあり、近年各分野で、再提唱されています。

その実現に向けて、「ポジティブ心理学」（セリグマン）のウエルビーイングを構成する５つの要素を参照してみます。それは、「ポジティブな感情」「何かへの没頭・集中」「良好な人間関係」「人生の意味や目的」「達成感」です。更に、「ポジティブな感情」については、「希望、興味。喜び、愛、思いやり、プライド、感謝の気持ち」と意味づけています。
　この構成要素を読むと、私たちは、入所者のウエルビーイングに添った日常を作り上げていると思いますが、新たな年に当たり、改めて再点検してみてはと思っています。
　更に、ウエルビーイングを実現するために重要なことは、日々の生活では、「本人が主語」の支援をすることです。
　例えば、「看護師又は介護職員が、Ａさんを起こす」と「Ａさんが、起きる」との間には、「受動的」と「主体的」のように大きな違いがあります。
　Ａさんは、表出や動作が困難であっても、声かけによっては、「起きなければ・・動かなければ・・」等々心が動きます。「介助しやすい姿勢をとろう」とイメージが高まります。Ａさんなりの意思決定を尊重する姿勢で、働きかけをすることです。本人が主語＝本人主体の立場にたって理解し、本人を主人公にした「本人の物語」をつくるという立ち位置で日常を作れるようにしたいものです。Ａさんなりの意思決定を尊重する姿勢で、働きかけをすることです。本人が主語＝本人主体の立場にたって理解し、本人を主人公にした「本人の物語」をつくるという立ち位置で日常を作れるようにしたいものです。

（令和６年１月）

あとがき

　82歳になりました。自分でもびっくりしています。この本は、これまで生かしていただいたことへの感謝の献辞です。

　私は、「どうして、養護学校の先生になったのですか」とよく聞かれました。「妹が、重度の脳性まひだから‥」です。小さい頃から、体の不自由な妹が、体験できないことは、私もできないし、やってはいけないと、行動の規範になっていました。ですから、親が心配するほど、内向的でした。その一方で、妹は家族の愛情を一身に受けて、わがままと言えるほど、大らかに育ちました。表紙のタイプアートは、妹の作品です。一文字一文字を足指で打つため、根気のいる創作です。自慢の妹でした。

　昭和41年に教員になってから、その後も、ずっと、障害児教育に携わってきました。
先生になれば、内向的ではいられません。求められていることを、一生懸命やってきました。その中で、障害児の家族としても、生き方の形成や見聞を広めることができました。
私の現在の生活の中心は、外部専門家として、これまでの経験を生かして、授業を見て、助言することです。悩みの淵にいる先生の顔が明るくなり、意欲を取り戻すと、私も楽しく・意義あることと元気がでます。更に、秋津療育園で療育に触れて、福祉の世界を見ることができたことも、私の人生を豊かにしています。

　まだまだ、遂行すべき課題があると思っていますが、その実現のために、尽力したいと思っています。

　これまで、多くの方々に支えられてきました。その珠宝の数々は、手からこぼれ落ちそうで、愛おしいです。大切にしています。この場を借りて、厚くお礼申しあげます。今後とも、よろしくお願いします。

　　　　　　　　　　　　　　　　　　　　　　　　　　　令和6年11月

■著者紹介

飯野 順子（いいの じゅんこ）

　昭和41年から都立養護学校で18年間肢体不自由教育に携わる。40年代当初は就学猶予・免除の時代、そして、昭和49年の希望者全員就学の時代へと、歴史の推移を目の当たりにしてきた。その頃、障害の重い子どもの教育を暗中模索している中で、びわこ学園の療育活動を記録した映画『夜明け前の子どもたち』に出会い、今でもいくつかのシーンは印象に残っている。昭和59年から10年間、東京都教育委員会で指導主事として、就学相談を担当。平成元年頃には医療的ケアの課題が浮上し、教育委員会における検討委員会を設置に伴い、全国状況の資料収集や情報交換を精力的に行う。指導医の方々には、大変お世話になり感謝に絶えません。平成6年から、養護学校3校（8年間）の校長、筑波大学附属盲学校の校長（3年間）を歴任した。平成9年から「医療と教育研究会」を立ち上げ、養護学校の医療的ケアの課題解決に向けて、諸活動を行う。その頃のメンバーとともに、平成19年にＮＰＯ法人地域ケアさぽーと研究所を設立し、平成24年に「訪問カレッジ＠希林館」を開始するなど、主に医療的ケアの必要な方が、ＱＯＬの高い地域生活を送れるよう支援している。平成29年7月、秋津療育園の理事長を拝命し、これまでの履歴からは思いがけない道筋ではあるが、これまでの経験を活かしながら、力を尽くし、令和6年4月に理事長を退任する。

　現在も、特別支援学校の授業を数多く見ている。子どもが輝く授業を見ると、全国の先生に紹介したいと思い、その取組を紹介した著書数も、いつの間にか11冊となっている。

編著書　『障害の重い子どもの授業づくり』シリーズ全8冊。
『子ども主体の子どもが輝く授業づくり』1～3（共にジアース教育新社）。

生命の輝く教育を目指して　その2
〜授業づくり・訪問カレッジ・医療的ケア・秋津療育園〜

令和6年11月14日　初版第1発行

■著　者　　飯野　順子
■発行人　　加藤　勝博
■発行所　　株式会社 ジアース教育新社
　　　　　　〒101-0054　東京都千代田区神田錦町1-23　宗保第2ビル
　　　　　　TEL：03-5282-7183　　FAX：03-5282-7892
　　　　　　E-mail：info@kyoikushinsha.co.jp
　　　　　　URL：https://www.kyoikushinsha.co.jp/

■表紙画像（タイプアート）　渡辺　良子
■本文デザイン・DTP　　土屋図形 株式会社
■印刷・製本　　大村紙業 株式会社
Printed in Japan
ISBN 978-4-86371-706-0
○定価はカバーに表示してあります。
○乱丁・落丁はお取り替えいたします。（禁無断転載）